이주노동자,
그들은 **우리**에게
어떻게 다가왔나

대우휴먼사이언스 011

이주노동자, 그들은 우리에게 어떻게 다가왔나

일제 강점기 중국인 노동자와 한국인

김태웅 지음

아카넷

머리말

일제 강점기 중국인 노동자를 되돌아본다

지난 세기만 하더라도 우리 주변에는 화교들이 운영하는 중국 음식점이 즐비하였다. 졸업식 때마다 여기서 먹은 짜장면은 얼마나 맛있었던가. 상급 학교로 올라갈수록 탕수육 따위가 추가되기는 했지만 마무리는 늘 짜장면이었다.

그런데 어린 내 눈에는 이해하기 힘든 광경이 있었다. 중국집 주인과 종업원 사이에 우리말이 아닌 중국말이 오가고 그러다가도 우리를 보면 한국어로 응대하는 점이었다. 또 어른들은 맛있는 중국 요리를 먹으면서도 중국 음식점을 가리켜 '짱개집'이라 불렀으며 중국집 주인을 '짱꼴라'라고 지칭하며 같이 웃곤 하였다. 선생님들 중에는 수업 시간에 중국인들이 자기 문화를 사랑하고 단결력이 강하여 다른 나라에 동화되지 않고 자기들끼리 똘똘 뭉치며 살아가고 있음을 강조하는 분들도 있었다. 이런 경험을 통해 나에게 비친 화교는 신기하고도 이상한 외국인이자 뚝심 있는 이웃이었다.

한데 나이가 들어도 여전히 풀리지 않는 의문은 '왜 우리 한국인들은 화교들을 깔보거나 우습게 여길까?'였다. 어른들이 일본인을 '쪽발이', '왜놈'이라 부르는 것은 그럴 만도 하다는 생각이 들었다. 초등학교 입학 전부터 어른들이 들려준 일제 강점기 이야기나 텔레비전 드라마를 통해 일제의 만행을 익히 알고 있었기 때문이다. 우리 할아버지와 할머니가 일본인에게 당했던 고통과 수난의 역사를 들으면 어린 마음에도 치가 떨렸다. 그런데 화교들에 대해서는 왜 잘못도 없는데 비칭을 써야 하는지 납득이 되지 않았다.

그러나 이러한 의문도 세월이 흐르면서 봄눈 녹듯이 사르르 사라져버렸다. 주변에서 화교를 만날 일이 없을 정도로 이들이 급속하게 줄어들었기 때문이다. 지금이야 중국인 관광객들이 서울 명동이라든가 제주도 등지에 붐비고 있지만 십여 년 전만 하더라도 주변에서 중국 말을 듣기가 어려웠다. 많은 화교들이 한국을 떠나 대만으로, 미주로 이민을 갔던 것이다.

이런 가운데 어렸을 때 가졌던 화교에 대한 의문이 의외의 자

6

리에서 다시금 살아났다. 필자가 국제학술대회에서 중국 학자들과 만나는 자리가 많아지면서 이들로부터 다음과 같은 매서운 질문을 받았기 때문이다. "왜 한국에는 차이나타운이 없는가?" "왜 이승만 정부와 박정희 정부는 화교들을 탄압했는가?" 나로서는 화교들과 이웃하여 생활한 경험이 없는 데다가 한국 정부의 화교 정책에 대한 관심이 전무했던지라 대답하기가 궁색하였다. 그들 학자의 질문은 타당한 듯하면서도 왠지 쉽게 대답할 성질이 아니라는 생각만이 들었다. 그래서 실체도 모호한 한국인의 민족주의와 배타성을 쉽게 탓하기에 앞서 그저 그만한 사정이 있었을 것이라는 막연한 답변만 늘어놓았다.

이후 필자의 이러한 의문은 꼬리에 꼬리를 물어 기존의 관련 연구 성과와 각종 자료를 검토하는 가운데 눈덩이처럼 커져 갔다. 1931년 7월 만보산사건萬寶山事件 직후 만주와 국내에서 벌어진 상황은 필자를 유혹하기에 충분하였다.

완바오산이라고도 부르는 만보산은 중국 길림성 장춘현의 만보산 지역을 가리킨다. 여기서 어떤 소식이 전해져 왔기에 조선 땅 한국인들이 흥분하면서 140여 명이나 되는 화교들을 살해했을까? 사망자가 이 정도로 컸다면 부상자와 훼손 건물은 말할 나위가 없다. 당시 만보산에서 중국인들이 한국인 농민들을 살해했다는 보도는 사실이었을까? 만보산사건 이후 국제연맹의 조사를 비롯한 일련의 여러 조사를 통해 한국인 농민의 피해 소식은 일제가 만들어낸 허위 보도였음이 만천하에 드러났다.

그러면 한국인들의 이러한 집단적인 학살 행위를 어떻게 설명해야 할까? 단지 평소에 화교들에 대해 이질감을 느끼던 터에 만주 동포들의 피해 소식을 듣고 화교들에게 보복하려 한 것인가? 아니면 정말 화교배척사건은 한국 민족주의가 초래한 광기의 산물인가? 무엇이 한국인들을 이러한 야만적인 배척 폭동으로 끌어들였을까?

필자의 의문은 여기서 끝나지 않았다. 왜 이러한 공격에 한국인 노동자들이 많이 참가했을까? 특히 당시 직업 구성에서 노동자들이 차지하는 비율이 결코 많지 않았는데 재판에 회부된 비율은 적지 않았다는 사실이 내심 놀라웠다. 그리고 1920 · 30년대에 쿨리라 불렸던 중국인 비숙련노동자들이 조선에 왜 그리도 밀려왔을까? 당시 한반도는 일본인을 제외하면 소득이 높은 지역도 아닌 데다가 제국주의 국가인 일본이 다스리고 있었는데 왜 중국인 노동자들은 매년 제 집 안방 드나들듯이 집단으로 몰려왔을까?

이런 상황이라면 한국인 노동자와 중국인 노동자들 사이에서 많은 분쟁이 일어났으리라는 가정을 세울 수 있었다. 어쩌면 한국인과 화교의 갈등은 한국 상인과 화교 상인의 상권 다툼 또는 한국 문화와 중국 문화의 충돌에 앞서 한국인 노동자와 중국인 노동자의 일자리 다툼에서 그 원인을 찾아야 하지 않나 하는 생각이 들었다(물론 한국인 노동자와 중국인 노동자는 일본인 자본가 앞에서 간혹 연대하여 투쟁하기도 하였다. 그러나 그러한 연대는 해고의 공포 앞에서 일순간에 끝나고 말았다). 나아가 이러한 갈등을 유발한 구조적 요인은 무엇이었을까라는 의문이 꼬리를 물며 이어졌다.

한편, 오늘날 우리는 '외국인 노동자 100만 명 시대'에 살면서 국내 노동자와 외국인 노동자 사이에서 야기되는 대립과 갈등의 여러 장면을 목격하고 있다. 이들 외국인 노동자는 코리안 드림을 꿈꾸고 한국에 들어오지만 "사장님 나빠요"라는 그들의 서툰 한국어에서도 알 수 있듯이 저임금과 열악한 노동조건을 견디며 인권의 사각지대에서 하루하루 연명해가고 있다. 이런 가운데 일자리가 급격하게 줄어들면서 한국인 청년 노동자들은 외국인 노동자에 대한 혐오감을 강하게 품고 있다. 일부 언론매체에서는 외국인 노동자들의 범죄 행위를 크게 다루면서 한국인의 불안감을 부추기기도 한다. 외국인 노동자를 바라보는 한국인의 시선이 소득이 높은 계층일수록 우호적인 경향을 갖는 데 반해 소득이 낮은 계층일수록 적대적인 경향을 갖고 있다는 여론 조사 결과도 있다. 이렇게 볼 때, 향후 외국인 노동자 정책 역시 한국 사회의 변동과 맞물려 그 귀추가 주목된다.

많은 이들이 이러한 양상을 깊이 우려하여 외국인 노동자들의 열악한 노동조건을 개선하거나 이들 노동자의 인권을 신장시키기 위해 힘을 기울이고 있다. 일부 언론매체들은 개방과 관용의 자세를 강조하며 외국인 노동자와 공존할 것을 역설한다. 나아가 한국인의 '배타적 민족주의'를 비판하면서 성숙한 국민의식을 함양할 것을 주문하기도 한다. 나는 이러한 주장을 '관용론'이라고 부르겠다.

　　그런데 일부 식자층에서는 이러한 관용론에 반발하여 외국인 노동자를 온갖 고통을 감내하는 '사회적 약자'가 아닌 불법 행위를 저지르는 '무법자'로 규정하는 한편 외국인 노동자를 '편드는' '자칭 시민단체'와 '종교단체'의 행태를 비판하고 있다. 이들 식자층은 외국인 노동자들의 인권을 개선하는 것도 좋지만 이들 노동자의 폭력과 불법 행위로 말미암아 침해되는 한국인의 인권을 보호하고 사회 치안을 유지하는 것이 급선무라고 주장하면서 외국인 관리제도를 강화하고 기존의 다문화정책을 변경할 것을 요구한다. 나는 이러한 주장을 관용론에 대비하여 '현실론'이라 부르겠다.[1] 특히 이러한 '현실론'은 최근 독일, 프랑스 등 서유럽 국가의 관용 정책이 이슬람 세계 난민들의 급격한 유입으로 위기에 봉착하면서 점차 공감을 얻어가고 있는 추세이다.

　　양자의 이러한 주장은 공히 나름대로 우리 현실에 대한 진단과 향후 전망에 근거를 두고 있다는 점에서 경청해야 할 사안이다. 그러나 이들 주장은 각각 한계를 안고 있다. 즉 '관용론'은 민족주의 해체 또는 신자유주의라는 이념적 지향에 몰입된 나머지 당장 현실에서 벌어지고 있으며 향후 더욱 치열해질 국내 노동자와 외국인 노동자 사이의 일자리 경쟁과 문화 갈등을 애써 무시할 여지가 있다. 반면에 '현실론'은 눈앞에 보이는 이해관계에 갇혀 이러한 상황을 야기하는 자본주의의 구조적이고 체제적인 모순을 시야에서 놓칠 수 있다.

오늘날 우리 눈앞에서 벌어지고 있는 국내 노동자와 이주노동자 사이의 갈등은 산업혁명 이래 본격화된 노동력의 이동 범위가 전 세계적 차원으로 확장되어 온 역사적 현상과 관련되어 있다. 따라서 이들 노동자 간의 갈등은 이를 추동시킨 세계자본주의 체제와 떼려야 뗄 수 없는 사안이라는 점에 주목할 필요가 있다. 양자의 갈등을 역사적이고 구조적으로 파악해야 할 이유가 여기에 있다.

이에 이 책에서는 일제하 조선에 머물렀던, 이른바 재조在朝 중국인 노동자의 노동과 일상생활을 세밀히 살펴보려 한다. 이는 20세기 전반前半 세계자본주의 체제하에서 일제의 통치 방식 및 공업화의 성격, 한국인의 삶과 연계하여 이주노동자의 역사적 의미를 해명할 수 있는 관건이 될 것이다. 또한 오늘날 한국인과 이주노동자 사이에서 벌어지고 있는 갈등을 역사적인 접근 방식으로 조명할 수 있는 계기가 되리라 본다.

나아가 이러한 갈등을 다양한 관점에서 접근하며 상이한 해법들을 제시한 당대 식자층과 대중의 내면세계를 분석하면, 노동력의 국제적 이동과 일제하 자본주의에 대한 여러 계급·계층의 인식 차이를 비롯하여 민족과 제국주의의 관계 설정 및 타문화에 대한 상이한 태도 등이 지니는 역사적·사회적 의미들을 추출할 수 있을 것이다. 결국 이러한 작업은 오늘날 이주노동자 문제에 대한 한국인 내부의 다양한 시각과 상이한 접근 방식을 이해할 수 있는 실마리를 제공하리라 본다.

이 책의 집필은 중국 근대사 연구자들의 수많은 성과와 발굴 자료에 힘입었다. 그런 점에서 이 작업은 한국 근대 노동·자본의 문제를 동아시아사 속에서 성찰할 수 있는 계기로 작용할 것이다. 이 자리를 빌려 중국 근대사 연구자들에게 감사를 표한다.

이 책에서는 위와 같은 집필 의도를 담고 내용을 구성하기 위해 다음과 같이 크게 4개 장으로 나누어 작업하였다. 해당 시기는 중국인 노동자가 입국하는 19세기 말부터 일제가 패망하여 이 땅에서 물러가는 1945년 8월 직후까지이다.

1장에서는 1882년 8월 조청상민수륙무역장정 체결 이래 1931년 화교배척사건 직전까지 중국인 노동자의 입국 실태와 추이를 소시기별로 구분하여 검토하였다. 그리고 이러한 양상이 통치 당국의 노동력 관리 정책과 맺는 상관성 및 한국인들에게 미친 영향을 집중 분석하였다. 이러한 작업은 1920년대 말 본격화하면서 1931년 만보산사건을 계기로 폭발한 화교배척사건의 역사적·사회적 원인을 구명하는 일이다.

2장에서는 중국인 노동자의 삶을 지탱하는 다양한 연망緣網과 노동조건을 집중 조명하면서 가족 구성의 변화, 고력방을 비롯한 각종 연망의 실태 및 수입과 지출 등을 검토하였다. 이는 중국인 노동자들이 열악한 여건 속에서 자신들의 삶을 지속시킬 수 있었던 사회적·역사적 요인을 해명하는 작업이기도 하다.

3장에서는 1920년대 이래 1931년 만보산사건을 계기로 폭발한 화교배척사건에 이르기까지 한국인 노동자와 중국인 노동자의 갈등 양상을 정치, 경제, 사회, 문화 등 여러 방면에 걸쳐 분석하는 한편 중국인 노동자에 대한 한국인 각계각층의 다양한 시선을 구명하였다. 그리하여 이러한 갈등 양상이 양쪽 노동자 사이의 경제적 이해관계에 국한되지 않고 황색 언론의 보도 행태를 비롯한 다양한 사회문화적 요인과 매우 밀접하게 관련되어 있음을 확인할 수 있을 것이다.

4장에서는 일제의 만주 침략 이래 1945년 8월 패망에 이르는 시기에 중국인 노동자들이 보여준 다양한 행태를 집중 검토하였

다. 특히 이들 노동자가 화교 상인과 마찬가지로 동아시아 국제
정세에 영향을 받았을뿐더러 일제의 부일협력 강요 시책에 대응
해야 했던 현실에 초점을 맞추었다. 그것은 중국인 노동자의 민
족정체성이 위협받는 가운데 노동자의 생존 조건을 확보하고자
하는 개별 인간으로서의 실존적 한계를 드러내는 작업이다.

끝으로 뒷이야기에서는 1945년 8월 15일 일제의 패망 직후 이
땅에 남은 화교들의 재생과 몰락을 검토하였다. 많은 중국인 노
동자들이 일자리 수요가 줄어든 경제 사정으로 인해 이 땅을 떠
나갔지만 여전히 남아 있었던 화교들의 실태를 독자들이 궁금해
하리라 여겼기 때문이다. 이러한 검토는 오늘날 한국 화교의 또
다른 역사적 · 사회적 기반을 재조명하는 일이다.

현재 이 땅에는 재중 동포를 제외하면 중국인 노동자나 화교
들이 이전처럼 많지 않다. 도리어 요즘은 중국인 관광객이 홍수
처럼 밀려드는 가운데 화교 자본이 소리 소문 없이 유입되고 있
다. 이제 국내 노동자의 갈등 당사자는 중국인 노동자에서 여타
외국인 노동자로 바뀌었고 이들 외국인 노동자가 날로 급증하면
서 한국 사회에 심각한 화두로 등장하고 있다. 이 땅에 사는 주
민들은 이 문제를 어떻게 생각하고 무엇을 할 것인가. 일제하 조
선의 처지와는 다르지만 혹시 제1차 세계대전과 제2차 세계대전
사이에 독일 전국을 휩쓸었던 외국인 혐오가 파시즘을 충동하는

선례가 재현되지는 않을까. 미래에 야기될 국내 노동자와 이주 노동자의 충돌을 미연에 방지하기 위해서라도 이주노동자의 노동권을 보장하고 이주노동자를 급격히 증가시키는 여러 요인들을 곰곰이 생각할 때이다.

차례

중국인 노동자가
이 땅에 들어오다

1

화교 상인을 따라 들어온 중국인 노동자

1882-1910

조선과 청국 간에 1882년 조청상민수륙무역장정朝淸商民水陸貿易章程이 체결된 뒤, 중국인 상인들이 조선에 대거 입국하였다. 이어서 중국인 노동자들도 들어왔다.[1] 1883년 현재 30여 명의 노동자들이 한성과 인천 각처에서 일하고 있었다.[2] 이들 노동자는 중국과 조선의 무역 규모가 날로 커져 가고 청국인 상인이 증가하면 증가할수록 더욱 늘어났다. 상인들이 무역 거래를 하는 과정에서 무엇보다 배에 짐을 싣고 내리며 물건을 나를 수많은 짐꾼과 인력거꾼이 필요하였기 때문이다. 인천항의 경우, 1892년 현재 청국 관리는 27명에 이르렀고 청국인 상인이 100명을 훌쩍 뛰어넘는 사이에 청국인 노동자도 371명에 이르렀다.[3]

이들 중 많은 중국인 상인들이 조선에 장기 거주하며 영업하고 있어 화교華僑 상인, 즉 화상이라 불렸다. 반면에 중국인 노동자 중에는 계절 노동자가 많아 화교 노동자라 불리지 않고 중국인 노동자, 중국 노동자, 지나 노동자라고 불렀다. 다만 이 책에서는 장기 거주하는 노동자의 경우에 한정하여 화교 노동자로 부르기로 한다.

이들 중국인 노동자 중에는 고력苦力이라고 불리는 비숙련 노동자들이 포함되어 있었다. 고력 중 일부는 명동성당 건축 공사에 투입되기도 하였다는 기록이 있다.[4] '고력'은 '쿨리'라고 부르기도 하였다. 또 흔히들 중국인 인부人夫라고도 일컬었다.[5] 쿨리 coolie, cooly는 제2차 세계대전 이전에 서양인들이 노예처럼 일하던 중국인과 인도인 짐꾼, 광부, 인력거꾼 등 최하층 노동자들을 업신여기며 불렀던 명칭이다. 중국인 사이에서는 이를 돼지새끼를 뜻하는 저자猪子라 불렀다.[6] 이러한 쿨리는 날품팔이를 뜻하는 인도어 'Kuli'에 연원을 두었으니 고력은 글자 뜻 그대로 '힘든 일을 하는 사람'을 가리킨다.

세계적으로 가장 많이 알려진 고력 집단은 1860년대 미국의 철도회사인 유니언 퍼시픽과 센트럴 퍼시픽이 미국 대륙횡단철도 건설 과정에서 고용한 고력들이다.[7] 이들 고력은 19세기 중반 연이은 흉년과 기근을 못 이겨 미국 등지로 건너와 미국 철도 회사에서 하루 1달러도 안 되는 값싼 임금으로 공사에 투입되었다.

〈**그림 1**〉 1883년 인천에 지점을 설립한 독일계 회사 세창양행에도 중국인(뒷줄 오른쪽)이 근무하고 있었다.

당시 1만 4,000여 명이 위험한 공사에 투입되었고 3,000여 명이 사고로 사망했다. 고력이 조금이라도 휴식을 취하려 하면 여지없이 채찍이 가해졌다. "철도 침목 하나에 쿨리 목숨 하나"라는 말이 나올 정도였다. 침목 하나를 놓을 때마다 중국인 노동자, 즉 쿨리 한 명이 죽어나갔다는 뜻이다.

조선에 입국한 고력은 그나마 본국과 거리가 가깝고 청국 정부의 보호와 지원을 얻은 까닭에 미국 등지의 고력보다는 지위나 신분이 낮지 않았다. 오히려 원세개의 후원 아래 인천은 물론 서울까지 침투하는 청국 상인의 활동에 힘입어 기를 폈다. 다음과 같은 예화는 중국인 노동자가 자국 정부의 지원과 보호 아래 노동하고 있었음을 보여준다.

1890년 4월 17일 오전 6시경 인천에 거주하는 청국 관리 오례당吳禮堂이 자신의 집에서 중국인 노동자를 고용해서 우물을 파고 있었다. 그런데 조선 총세무사 타자수로 근무하고 있던 독일인이 이들 중국인 노동자를 구타하고 돌을 던지는 소동이 일어났다.[8] 이에 오례당은 물론 여러 중국인 관리들이 원세개에게 이 사건을 보고하였다. 독일 영사관에서는 시종일관 폭행사건을 부인하며 자국 법령 준수를 강조했다. 하지만 원세개가 이홍장에게 보고하고 이홍장이 조선 정부에 처벌을 요구하자 결국 이 타자수는 총세무사에서 축출되고 말았다.

물론 중국인 노동자의 이러한 지위와 활동 양상은 국제 정세의 변동으로 크게 달라지기도 하였다. 대표적인 요인이 청일전쟁에서 청군이 일본군에게 패배한 일이었다. 청일전쟁 당시 일본군이 한반도에 침략하자 재류 중국인들은 노동자, 소상인, 농민, 부녀자 가릴 것 없이 본국 관리의 만류에도 불구하고 상당수가 본국으로 귀국할 정도였다.[9] 심지어 중국인 농민은 감자, 무, 기타 아주 작은 묘목까지 파내 매각하고 귀국길에 올랐다.

그러나 1899년 9월 한청통상조약韓淸通商條約 체결로 청국 영사

24

이주노동자, 그들은 우리에게 어떻게 다가왔나

관이 들어서면서 이들 중국인 노동자의 신분상 지위는 예전 못지않게 안정되었을뿐더러 숫자도 증가하기 시작하였다.[10] 이러한 증가를 초래한 유입 요인은 무엇보다 토목건축사업의 증가였다. 이 중 주목할 사실은 1904년 러일전쟁 발발로 경부선 및 경의선 철도 공사에 일본인 청부업자들이 중국인 노동자를 대거 고용하였다는 점이다.[11] 중국인 노동자의 임금이 저렴했기 때문이다. 그 밖에 일본은 도로와 항구를 건설하고 광물을 약탈하기 위해 임금이 저렴한 중국인들을 대거 불러들였다.

이후 1907년 한성에 외국인 거주가 늘어나면서 가옥과 공장을 짓는 건축 공사가 많아졌고 여기에도 중국인 노동자가 대거 투입되었다. 빨간색 벽돌과 대형 암석 축조 기술이 뛰어났던 중국인 노동자들은 명동성당, 인천의 홍예문과 염전 공사에도 참여했다.[12]

중국인 노동자는 외국인이 경영하는 광산에도 고용되어 광산 노동자로 근무하였다. 1918년 9월 말 현재 154개 광산에서 일한 중국인 노동자는 5,135명으로서 전체 광산 노동자 중에서 14.4퍼센트를 차지하였다.[13] 미국인이 경영하는 평안북도 운산금광의 경우, 1902년 광산에 종사하는 외국인 412명 가운데 중국인 노동자는 293명이었으며 1911년에는 외국인 473명 중 중국인 노동자가 350명에 이를 정도였다.[14]

〈그림 2〉 1900년대 초반 다수의 중국인 노동자들이 일하던 평안북도 운산금광.

이들 갱부는 구미인이나 일본인에 비해 매우 낮은 임금으로 일하고 있었다. 당시 구미인이 매달 300원 내외를, 일본인은 50~120원(대부분 60원 내외)을, 중국인 기술자는 20원을, 한국인 갱부는 16원 50전을 받았던 데 반해 중국인 갱부는 15원을 받았다.[15] 중국인 갱부가 받는 돈은 일본인의 4분의 1, 구미인의 20분의 1에 지나지 않았던 셈이다. 더욱이 일부 고력들은 일본인 청

이주노동자, 그들은 우리에게 어떻게 다가왔나

부업자와 지주들이 임금을 떼어먹는 바람에 체불 임금을 지급하라고 법정에서 요구하기도 하고 동맹 파업을 벌이기도 하였다.[16] 그러나 이미 도망간 고용주들은 본국의 위세를 믿고 얼굴 한번 비치지 않았다.

그러면 중국인 노동자들은 이처럼 열악한 환경을 어떻게 견디며 살아갔을까? 무엇보다 생활비를 아껴 남는 돈을 송금하기 위해서는 값싼 음식물로 끼니를 때워야 했다. 이러한 값싼 음식물 중 최고가 짜장면이었다. 별다른 재료 없이 춘장에 수타면을 비벼 즉석에서 간편하게 만드는 짜장면은 그 기원이 산동 연태烟台의 푸산라멘福山拉麵으로 산동 고력들의 고향 맛을 느끼게 하였기 때문이다.[17]

중국인 손수레 노점상들은 이들 고력을 상대로 짜장면을 날개 돋친 듯 팔았고 덕분에 짜장면은 한국인들에게도 친숙한 음식으로 다가오기 시작했다. 일부 노동자들은 자신이 직접 만든 만두 등으로 끼니를 때우기도 하였다. 이처럼 생활력 강한 중국인 노동자들은 1905년 이후에도 급속하게 증가하였다. 물론 이들 노동자 중에는 목장木匠, 공장工匠, 와장瓦匠 등도 적지 않았다. 그러나 대다수는 산동 출신의 단신 출가 고력들이었다.

화교 상인들도 고력들과 마찬가지로 점차 증가하면서 사업을 확장해갔다. 대표적인 인물이 당시 광동성廣東省 출신으로 인천에 거점을 마련하고 동순태同順泰 상점을 경영했던 담걸생譚傑生이다. 청일전쟁으로 잠시 주춤하였지만 그는 곧이어 전주, 강경 등지에 분호分戶를 설립하였으며 1899년 군산 개항에 맞춰 이곳에도 분호를 설립하였다.[18] 동순태는 이미 전주와 강경 방면에서 사금, 곡물을 내다 팔았고 그 밖에 자력이 있는 화교 상인들이 점포를 설치하여 직물류와 잡화류를 거래하고 있던 터였다.[19]

그 결과 1906년 현재 3,661명 재한 중국인들은 상업 1,468명(48퍼센트), 농업 641명(17.5퍼센트), 공업 276명(7.5퍼센트), 고력 335명(9.2퍼센트), 잡업 941명(25.7퍼센트)으로 구성되어 있다.[20] 이 가운데 중국인 노동자가 차지하는 비중은 당시 대한제국의 산업구성에 비춘다면 결코 낮지 않았다. 이후에도 사정은 마찬가지였으니 〈표 1〉을 보면 이러한 양상을 쉽게 확인할 수 있다.

1906~1910년 사이에 매년 평균 3,100명가량의 중국인 노동자가 한국에서 활동하였는데 이러한 수치(b+c)는 전체 화교 인구의 30~40퍼센트에 해당한다. 특히 고력이 이들 중국인 노동자 중에서 차지하는 비중이 매우 높다는 점을 감안한다면 고력의 비중 역시 30퍼센트를 훨씬 초과했을 것이다. 특히《황성신문》1910년 9월 14일자 기사에 따르면, 공업과 농업 항목으로 잡힌 중국인을 제외한 노동자, 즉 고력이 6,446명으로 전체 1만 1,533명 중 55퍼센트 이상을 차지할 정도였다.[21] 이에 어느 일본인 관리는 근면

<表 1> 1906~1910년 화교의 직업별 인구 구성

연도	농수산 (a)	광공업 (b)	잡업 (c)	노동자 (b+c)	비중 (b+c/d)	상업	공무 자유업	합계 (d)
1906	641	611	883	1,494	40.8	1,468	58	3,661
1907	525	58	2,071	2,129	38.2	2,866	60	5,580
1908	770	142	3,900	4,042	40.5	5,063	95	9,970
1909	1,839	604	2,442	3,046	31.8	4,578	105	9,568
1910	1,573	515	4,791	4,791	40.5	5,387	67	11,818

출전 : 李正熙, 『朝鮮華僑와 近代 東아시아』, 京都大學學術出版會, 2012, 366쪽 재인용.
비고 : 비중은 퍼센트로 표시.

하고 저렴한 중국인 노동자로 인해 일본인의 노동 이민이 쉽지 않을 것임을 우려하였다.[22]

그러면 한국인들은 1882년 이 땅에 살고자 첫발을 내딛었던 화교를 어떻게 인식하였을까?

우선 한국인들에게는 이 시기 화교들이 예전에 공적인 업무로 들어왔던 중국 사신들과 대비되어 다른 듯하면서도 같은 모습으로 다가왔다. 화교들은 공적인 업무를 수행하는 청국 사신과 달리 장사나 막일을 하러 들어오는 민간인이었다. 또한 그들은 당시 청국이 상하관계를 유지하되 내정을 간섭하지 않는 기존의 예교적 종번관계禮敎的 宗藩關係에서 조선 내정에 적극 간섭하는 근대적 상하주속관계近代的 上下主屬關係로 전환시키려는 방침에 편승하여 상권商圈을 확장해가는 외국인이었다. 특히 일반 민인들 사이에서는 청국군의 잦은 횡포와 약탈로 인해 부정적인 화교상華僑像이 널리 퍼져나갔다.

이에 온건 개화파든 급진 개화파든 원세개를 통해 집행되는 청의 속방화 정책에 거세게 반발하였으며 갑신정변은 그에 대한 저항의 표출이기도 하였다.[23] 또 전통 유생들에게도 청국은 문명의 중심인 중화, 즉 명나라를 멸망시켰으며 우리를 치욕스럽게 만든 오랑캐 국가로 비쳤다.[24] 특히 청군의 대원군 납치는 개화파든 유생이든 일반 민인이든 반청의식을 불러올 만하였다.[25] 병자호란 이후 조선 사람들이 청국인을 멸시하며 불렀던 이른바 '되놈'이라는 말에 잘 반영되어 있듯이 되놈의식은 일반 민인들의 뇌리에서 떠나지 않고 그들의 의식에 또렷하게 자리 잡고 있었다.[26]

이후 이러한 반청관反淸觀은 문명개화 계열 식자층에게서는 청국 멸시관과 결합되어 뚜렷하게 나타났다. 그들에게 청국은 조선을 속방화시키려 했던 외세일 뿐 아니라 문명국에 패배한 야만국으로 비쳤으며 청국인 또한 비문명인으로 다가왔다.[27] 그리하여 《독립신문》의 경우, 여러 차례 대외 전쟁에서 보여준 청의 패배를 두고 그 이유를 청국 인민의 우둔과 나약에서 찾았다.[28]

대한제국이 1897년 10월 수립되자 국내 민인들은 청국인과 대등한 황제국 인민으로서 이들 중국인을 '야만의 청국놈'이라고 부르기도 하였다.[29]

청국인에 대한 이러한 인식은 연재소설에서도 그대로 드러났다. 우리나라 최초의 신소설가로 알려진 이인직은 1906년 《만세보萬歲報》에 연재하였던 「혈의 누血의 漏」에서 청국인의 야만 행위를 다음과 같이 극렬하게 묘사하였다.

본래 평양성중 사는 사람들이 청인의 작폐에 견디지 못하여 산골로 피란 간 사람이 많더니, 산중에서는 청인 군사를 만나면 호랑이 본 것 같고 원수 만난 것 같다. 어찌하여 그렇게 감정이 사나우냐 할 지경이면, 청인의 군사가 산에 가서 젊은 부녀를 보면 겁탈하고, 돈이 있으면 뺏어 가고, 제게 쓸데없는 물건이라도 놀부의 심사같이 작란하니, 산에 피란 간 사람은 난리를 한층 더 겪는다. 그러므로 산에 피란 갔던 사람이 평양성으로 도로 피란 온 사람도 많이 있었더라.[30]

이처럼 문명개화론자의 눈에는 청국인들이 부녀자 겁탈, 강도 짓 등 온갖 야만 행위를 저지르는 족속으로 비쳤다.

그런데 중국인에 대한 이러한 부정적 인상은 문명개화론자에

31

게만 있었던 것은 아니었다. 국문國文, 국사國史, 국교國交 등 이른
바 나라의 정수를 잘 보전하자고 주장했던 역사학자이자 언론인
이었던 박은식은 『한국통사』에서 평양 전투 목격담을 다음과 같
이 묘사하고 있다.

청일 양국이 서로 퇴각하지 않아서 위험한데도 청병은 오만하기
짝이 없으니 반드시 패배할 것이다. 왜냐하면 처음에 청병이 강을
건너자 우리 민이 밥과 된장을 다투어 가지고 와서 먹였으나 곧 도
적질과 약탈을 자행하여 민망民望을 크게 잃었다.[31]

일반 민인들도 이처럼 청군의 야만적인 행위 앞에 반청 의식
이 강화되었다. 심지어 청국 식자층은 조선의 아녀자들도 대부
분 중국인을 보면 청나라 개라고 불렀다는 이야기를 전해 들어
야 했다.[32]
그런데 이러한 청국 멸시관은 단순히 관념적인 배척에 머무
는 것이 아니라 화교의 경제 침투와 연계되어 있었다. 즉 한국인
들은 국민경제를 발전시키고 국내 상인의 권리를 보호하는 차원
에서 화교의 경제 활동을 부정적으로 인식하게 된 것이다. 특히
《독립신문》의 주필 서재필은 1896년 5월 21일자 논설에서 청국인
이 조선의 경제와 사회에 미치는 부정적 영향을 다음과 같이 지

적하였다.

근년에 청인들이 조선으로 오기를 시작하여 조선 사람 할 일과 할 장사를 뺏어 하며 가뜩 더러운 길을 더 더럽게 하며 아편연을 조선 사람들 보는데 먹으니 청인이 조선 오는 것은 조금치도 이로운 일이 없고 다만 해만 많이 있으니 조선서도 얼마 아니 되어 백성들이 청인 내어 쫓잔 말이 있을는지도 모르겠더라. 아무 나라 사람이라도 여기 와서 벌이를 하되 조선 사람이 능히 못 할 일을 할 것 같으면 그것은 그 사람이 돈을 벌더라도 조선에 유조한 것은 하나 있는 것이 조선 사람들이 그런 것을 보고 배워 차차 그 사람들과 같이 하여 볼 도리가 있거니와 조선 사람이 할 만한 일을 외국 사람들이 와서 모두 하고 돈을 모은 후에는 고국으로 돌아가니 어찌 거머리와 다름이 있으리오. 그 사람들은 조선 피 빨아 먹자는 사람들인즉 그런 사람들은 조선 오는 것을 우리가 원치 아니 하노라.[33]

화교들의 경제 활동이 조선 경제 발전에 도움이 되기는커녕 오히려 '거머리'와 같다고 비난하고 있다. 그리고 그 이유를 그들의 경제 활동이 조선 국내의 경제 활동을 자극하지 못할뿐더러 조선인의 고용 효과를 창출하지 못하는 반면에 오히려 조선 상인의 영업 활동을 방해하고 영업 이익과 소득을 본국으로 빼돌

중국인노동자가 이 땅에 들어오다

린 데서 찾고 있다. 특히 미국 거주 화교의 경우를 들어 화교들의 낮은 생활비에 따른 저임금으로 말미암아 현지에 사는 여타 노동자들의 임금이 떨어졌음을 강조하고 있다.[34] 따라서 당시 식자층에게는 화교들이 경제적인 측면에서도 조선 국내에서 내쫓아야 할 존재로 부각되었다.

이런 지적은 전통적인 오랑캐 의식이나 문명개화론적 시각에 입각하되 상인들과 민인들의 경제 현실에 바탕하여 한국인과 화교 사이에 놓여 있는 갈등의 소재와 원인을 직시하여 홍보하겠다는 뜻을 담고 있다. 이러한 국민경제론에 근거한 주장은 청국인 멸시관을 일상생활에 뿌리박게 하는 요인이 되어 후일 중국인 노동자들을 보는 시각에도 영향을 미쳤을 것이다.

실제 중국인 노동자들이 점차 늘어나면서 한국인 노동자와 중국인 노동자의 갈등은 이미 일상생활 속에서 가시화되고 있었다. 예컨대 일제 강점 직전인 1909년 통감부가 평안남도 진남포 광량만 염전 축조 공사 때 한국인을 고용하지 않고 저임금의 중국인 노동자만 고용한 것에 대해 비난이 크게 일었다.[35] 1910년 5월 현재 중국인 노동자가 무려 900여 명이었기 때문이다. 일본인 토목 청부업자가 이러한 비난을 의식하여 한국인 노동자를 고용하기도 하였다. 그러나 일본인들의 이러한 조치는 공사 기간 내내 갈등의 소지가 되어 드디어 한국인 노동자와 중국인 노동자를 패싸움으로 몰아갔다. 이러한 양상은 당시 한국인들이 중국인을 단지 역사문화적인 이유로 차별하는 차원을 넘어서서 중국인의 경제 활동이 한국인 국내 경제와 한국인 상인·노동자들의 생존권을 위협한다고 인식하고 있었음을 보여준다.

그럼에도 당장 한국인과 화교 사이의 충돌로는 확대되지 않았는데 그 이유는 무엇일까? 우선 1894년 청일전쟁에서 청국이 패배함으로써 화교 상인들의 입지가 좁아졌다는 점이다.[36] 비록 1899년에 대한제국과 청국 간에 한청통상조약을 체결하여 화교의 지위가 다소 안정을 찾았다고 하지만 예전 같지는 같았다. 또한 일본인 상인과 비교하여 신용도가 높은 화교 상인들의 거래 관행이 한국인 상인들과의 상권 경쟁 및 마찰에도 불구하고 결코 양국인들의 반목을 조장하지 않았다는 점이다.[37]

여기에는 1905년 이후 당시 일반인들에게 영향을 미쳤던 《대한매일신보》의 보도도 한몫을 하였다. 《대한매일신보》는 1907년 12월 1일자 "청국인의 애국심"이라는 기사에서 강소성과 절강성의 청국 인민이 철도 부설비를 모아 영국의 차관 제공을 거절했음을 보도하였다.[38] 또 1908년 9월 2일자 "청국흥왕"이라는 기사에서 청국의 신정新政을 높이 평가하면서 그 증거로 교육의 진보를 들었다.[39] 《대한매일신보》의 이러한 보도 태도는 기존에 문명개화론자들이 설파했던 청국 멸시관을 어느 정도 상쇄하면서 한

중국인 노동자가 이 땅에 들어오다

국인 일반의 화교 인식에 영향을 미쳤을 것이다. 이런 까닭에, 중국인 노동자가 유입되었다고 해도 그 숫자가 적은 데다가 한국인 노동자들도 결코 많지 않아 노동 시장을 둘러싼 대립으로까지 가지 않았다.

2

중국인 노동자의 증가
1911-1919

___

일제가 1910년 8월 대한제국을 강점하자 다소 주춤했던 화교들의 유입이 두드러졌다. 특히 중국 산동 방면에서 화교들이 들어왔다.

물론 일제는 강점 이전부터 본국과 마찬가지로 각종 법령을 제정하여 이들 화교의 유입을 통제하고자 하였다.[40] 1910년 8월 29일 강점 직후 일제는 「거주의 자유를 갖지 못한 외국인의 거주와 영업에 관한 건」을 공포하여 외국인의 노동이민을 원칙적으로 금지하고자 하였다.[41] 이러한 규정은 외국인이 지방장관의 허락을 받지 않으면 기존 거류지 외에서 거주하거나 업무를 행할수 없음을 의미했다. 그리하여 신의주, 평양, 진남포, 경성, 인천, 군산, 목포, 마산, 부산, 원산, 성진, 청진 등 12개 옛 거류지에 한

중국인 노동자가 이 땅에 들어오다

<그림 3> 한말 인천 중국인 거리. 청나라 의상인 치파오를 입은 중국 여인이 거리를 걷고 있다.

해 화교의 거주 취로_{就勞}의 자유를 인정하였다. 그 밖의 지역에서
는 노동 종사의 목적으로 거주하는 경우 지방장관의 허가를 요
하는 것으로 정하였다.

　그러나 일본인 자본가의 요구로 인해 이러한 입국 제한은 사
실상 무용지물이 되었다. 〈표 2〉는 1910년대 조선에 거주하고 있
는 중국인의 인구 변동을 보여준다.[42]

　〈표 2〉에 따르면 1915년에 잠시 감소한 때를 제외하고는 조선
인구에서 차지하는 중국인 인구의 비율이 전반적으로 증가 추
세에 있음을 확인할 수 있다. 또 남성이 여성에 비해 훨씬 많음
을 볼 때 대부분의 남성이 가족을 대동하지 않은 채 홀로 입국하
여 일시적으로 경제 활동을 영위했음을 짐작할 수 있다. 그러나

〈표 2〉 1910년대 재조 중국인의 인구 변동

연도	1911	1913	1915	1917	1919
호수	2,889	3,875	3,821	4,722	5,218
인구	11,837	16,222	15,968	17,967	18,678
전체 인구에서 차지하는 중국인의 비율(%)	0.09	0.11	0.1	0.11	0.12
남성	11,145	15,235	14,714	16,241	16,987
여성	692	987	1,254	1,726	1,691
남성에 대한 여성의 비율(%)	0.062	0.065	0.085	0.106	0.100
계	11,837	16,222	15,968	17,967	18,588

출전 : 朝鮮總督府, 《朝鮮總督府統計年報》, 각 해당 연도.

1910년대 후반으로 갈수록 중국인 여성의 인구가 많아질뿐더러 비율 역시 높아지고 있다. 1911년에는 남성에 대한 여성의 비율이 0.062에 지나지 않았지만 1917년에는 0.1을 넘어가기에 이르렀던 것이다. 이러한 증가 추세는 중국인 남성들이 가족을 대동하고 입국하는 양상이 점차 두드러졌음을 추론케 한다.

그런데 중국인들의 이러한 일반적 양상도 도시마다 조금씩 달랐다. 대표적인 개항장 도시라 할 인천, 신의주, 부산에 거주하였던 중국인의 호구, 성별 현황을 통해 본 그들의 인구 구성과 거주 방식은 〈표 3〉과 같다.

중국인 노동자가 이 땅에 들어오다

〈표 3〉 1910년대~1920년 전반 인천부, 신의주부, 부산부의 중국인 인구 현황

지역\연도	인천부				신의주부				부산부			
	호수	인구			호수	인구			호수	인구		
		남	녀	계		남	녀	계		남	녀	계
1911	484	–	–	1,581	130	–	–	1,241	34	–	–	168
1913	436	1,288	215	1,503	187	1,187	97	1,284	43	180	31	211
1915	243	911	214	1,125	193	1,216	136	1,352	47	189	21	210
1917	259	981	281	1,262	270	1,713	230	1,943	38	161	26	187
1919	198	617	176	793	332	2,100	330	2,430	41	162	29	191
1921	257	1,051	309	1,360	1,158	2,494	456	2,950	49	217	14	231
1923	313	1,398	376	1,774	479	3,182	459	3,641	72	310	23	333

출전 : 朝鮮總督府, 《朝鮮總督府統計年報》, 각 해당 연도.
비고 : 당시 《동아일보》 1921년 12월 2일 기사와 대조해보면 1921년 신의주부 호수는 오기로 추정됨.

인천부의 경우, 1920년대 들어가면서 여성들의 비율이 높아져 남성에 대한 여성의 비율이 1913년에는 0.17이었지만 1923년에는 0.27로 높아지고 있다. 이는 중국인들이 이전 시기에 비해 가족들을 대동하여 거주하는 비율이 높아졌음을 보여준다. 반면에 1923년 신의주부의 경우, 그 비율이 0.14에 머물고 있다. 인천부의 경우에 비해 매우 낮은 수치이지만 1913년 0.08에 비해 높은 수치이다. 또한 신의주부의 가호당 인구수가 인천부(5.7명)에 비해 훨씬 많다(7.6명). 이는 1호 내에 여러 조의 세대가 거주하기 때문이다.[43] 그것은 상인들이 주를 이루는 인천부 중국인의 경우와 달리 신의주부에서는 중국인 남성 노동자들이 북부 지방 토목·건축 공사장에서 노동하기 위해 단신으로 거류하고 있음을 반영한다. 부산부의 경우는 노동자가 적음에도 불구하고 본국과의 거리가 매우 멀어 가족을 동반하지 않고 단신으로 거주하는 경우가 많았음을 보여준다.

일반 중국인들이 거류하는 지역이 늘어남에 따라 자연스럽게 중국인 노동자들의 거류 지역도 늘어났다. 우선 이들은 일자리가 상대적으로 많은 경성부를 비롯한 12개 부를 중심으로 점차 늘어났다. 경성부의 경우, 부유한 중국인 상인들이 오늘날 소공로에 해당하는 장곡천정에 주로 거주한 반면에 노동자들은 집세가 저렴한 서소문동 주변 등지로 몰리기 시작하였다.[44] 이곳에는 게딱지 같은 집들이 다닥다닥 붙어 있어 당시 한국인들 눈에는 볼썽사나운 모습으로 비쳤다. 곧이어 이들 노동자는 일자리를 찾아 고양군 동막을 비롯하여 100여 개 중소 도시에 거주하기에 이르렀다.[45] 이 중국인 노동자 수가 100명을 넘는 지역도 존재하였다. 예컨대 1916년 청주, 강경, 예산, 수안, 수안군 물동勿洞, 의주, 운산 북진北鎭, 용암포, 동점銅店 등이 그러하였다.[46] 이들 지역은 포구라든가 광산 지역들로 노동자를 비롯한 많은 중국인들이 노동력을 팔거나 상품을 거래하기 위해 거류한 곳이다.

중국인 노동자가 이 땅에 들어오다

3 중국인 노동자의 대거 입국
1920~1931년 화교배척사건 직전

1920년대에 들어와 노동자를 비롯한 다양한 계층의 중국인들이 대거 조선에 입국하였다.[47] 본국 산동성에서 발생한 내전, 가뭄, 홍수 등으로 신변이 불안하고 쌀값이 앙등하자 많은 산동성 출신 중국인들이 이러한 재난을 피하여 새로운 경제적인 기회를 찾고자 했기 때문이다. 특히 국민당 장개석이 쿠데타를 일으켜 국공 내전이 격화됨으로써 은값이 폭락하고 일본군의 산동 출병으로 이 일대가 혼란에 빠진 점도 눈여겨보아야 할 대목이다.[48]

그런데 이러한 상황이 배출 요인은 될지언정 조선 지역으로 중국인들을 끌어들일 유입 요인은 아니었다. 설령 중국 산동 지역에서 많은 중국인들이 자국의 재난과 정세 변동으로 조선으로 이주하고 싶다고 하더라도 이들을 받아주는 조선 지역의 사정이

여의치 않으면 타 지역으로 발길을 옮겨야 했기 때문이다. 이 점에서 1920년대 관영사업을 중심으로 철도, 도로, 해운, 수리치수, 도시, 수도, 전기, 통신 등의 여러 분야에서 이루어진 각종 사회간접자본시설 구축 사업은 이들 중국인 노동자를 적극적으로 끌어내는 요인이 되었다.[49] 당시 조선총독부의 중앙재정이든 지방재정이든 사회간접자본의 투자가 급속하게 증가하였으며 관영사업을 맡은 사업체들은 경비를 절약하면서 소기의 성과를 거두기 위해 임금이 저렴한 중국인 노동자를 고용하고자 하였던 것이다.

〈표 4〉는 1920년대 후반~1930년대 초반 조선총독부 관영사업에 고용된 중국인 노동자 수의 추세이다.

1927년에 중국인 노동자가 급증한 것은 무엇보다 조선총독부가 임금이 저렴한 중국인 노동자를 선호하여 대거 고용한 데서 비롯되었다. 당시 조선총독부는 중국인 노동자들의 임금이 저렴하기도 하거니와 그들이 근면하여 고용에 적극 나섰던 것으로 보인다. 특히 일본인 청부업자로 대표되는 토목업체들은 임금으로 지출되는 인건비를 최대한 절약해야 했다.[50] 공사의 양을 증가시키거나 사업을 수주하는 과정에서 관료들이나 정치가들에게 소요될 자금을 확보할 필요가 있었기 때문이다.

이 시기에 이리(현 지명 익산)에서 한국인과 중국인 노동자 사

연도	관영사업비	실제 사용 연인원(명)	비고
1925	88,033(100)	276,510(100)	
1926	101,913(116)	382,196(138)	
1927	119,098(135)	899,745(325)	1927년 이리(익산)사건
1928	122,267(139)	386,334(140)	
1929	122,671(140)	907,425(328)	
1930	110,484(126)	678,447(245)	
1931	109,250(124)	502,476(182)	만보산사건, 만주사변
1932	117,680(134)	642,429(232)	
1933	124,333(141)	502,993(182)	

출전 : 관방외사, 『소화 9년 제67회 제국의회 설명자료』, 1934, 301~302쪽.
비고 : 괄호는 1925년 통계수치를 100으로 삼았을 때 각 연도의 증감 비율을 가리킴.

이에 다툼이 있어 양 민족 간 갈등이 심하게 일어났다. 그 여파로 중국인 노동자 증가세가 잠시 주춤하였지만 이후에도 증가세는 이어갔다. 다만 1931년 만보산사건의 여파와 만주사변으로 인해 감소로 돌아섰다. 그러나 당시 관영사업의 규모에 비교하면 고용 비중이 여전히 높았다.

그러면 관영사업 부문 중에서 가장 많이 고용된 부문은 무엇이었을까? 사회간접자본시설 투자에서 철도 부문 투자가 60퍼센트 이상을 차지할 정도로 압도적인 양상을 보였으며 이에 따라 중국인 노동자가 대거 고용되었다. 그 밖에 다른 부문에서도 중국인 노동자들이 다수 고용되었다. 그리하여 1928년 평안남도의 경우만 하더라도 평원군 평안수리조합 공사와 평원선 철도 공사 등은 물론 평안경찰서 신축 현장에서도 대부분 중국인 노동자를 고용하였다.[51]

중국인 노동자 유입 요인은 관영사업의 증가에만 있지 않았다. 민간 기업에서도 이에 못지않게 중국인 노동자를 다수 고용하였던 것이다. 그 결과 중국인 노동자의 증가 추세는 1920년대 중국인의 급격한 유입 속에서 두드러졌다. 1924년 인천항으로 입국한 중국인 노동자가 6개월 만에 2만 명을 넘어섰으며 이듬해인 1925년에는 3월 한 달 동안에만 5,000여 명이 입국한 것으로 추정되었다.[52] 이러한 추정 수치는 실제로도 그러했으니 1922년에 중국인 노동자는 이미 숙련 노동자와 비숙련 노동자를 모두 합해 2만 1,986명에 이르렀다.[53] 1922년 현재 재조 중국인 전체 인구가 3만 826명이었음을 감안한다면 중국인 노동자가 재조 중국인 전체 인구에서 차지하는 비율이 70퍼센트 이상이었던 셈이다.[54] 이러한 수치는 1915년부터 1924년까지 인천 입항자가 출항자의 1.5배에 이르렀다는 사실에서도 확인할 수 있다.[55]

중국인 노동자는 이후에도 급속하게 증가하였다. 1926년 당시 조선총독부 경무국이 각도 경찰부를 통해 파악한 자료에 따르면

중국인 노동자가 이 땅에 들어오다

다음과 같다.

우선 지역 측면에서 중국인 노동자는 신의주가 소재한 평안 북도에 제일 많이 거주했다. 신의주의 경우, 1926년보다 앞선 시기이지만 1924년 현재 노동자가 3,069명에 이르렀다. 세부적으로 살펴보면 농업 54명, 토목 62명, 건축 68명, 제조 138명, 운반 67명, 만군挽軍(인력거군) 138명, 기타 잡업이 2,625명이었다. 다음으로 중국인 노동자는 인천이 소재한 경기도에 많이 거주하였다. 뒤를 이어 그들은 국경 지대와 가까우면서도 공장이 밀집하고 토목 공사가 활발한 함경북도, 함경남도, 평안남도에 거주하였다. 중국인 노동자의 이러한 거주 분포는 후일 1931년 만보산사건의 여파로 국내에서 벌어진 한국인의 화교배척폭동 발생 지역 양상과 밀접함을 보여준다.

직업 측면에서 중국인 노동자는 농업에 가장 많이 종사하였고 이어서 제조업, 토공, 석공 순으로 종사하고 있어 한국인 노동자가 종사하는 분야와 겹치는 분야가 많았다. 특히 토목건축 분야에 해당하는 기타 분야에 종사하는 노동자의 비중이 매우 높았다.

이후 1928년에는 중국인 노동자가 3만여 명으로 증가하였다.[56] 1928년 현재 재조 중국인 전체 인구가 5만 2,054명이었음을 감안한다면, 57퍼센트가 노동자였던 셈이다. 비록 20년대 초반에

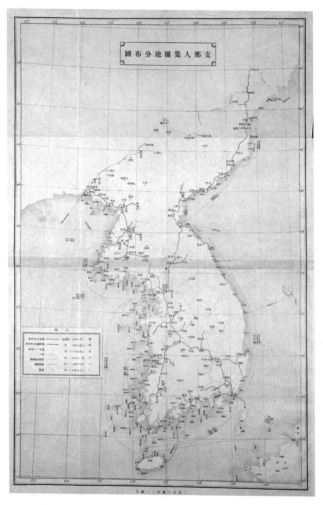

〈그림 4〉 중국인 집단 분포도. 1930년 전후 조선 지역에 거주하고 있었던 중국인들의 분포 현황이다. 평안북도와 경기도 일대에 다수 거주하고 있음을 확인할 수 있다(인천 광역시립박물관 소장).

중국인 노동자가 이 땅에 들어오다

비해 그 비율이 떨어졌지만 노동자 인구수는 결코 하락하지 않았다. 이들 중국인 노동자는 1926년과 마찬가지로 토목건축 공사 노동자, 광산 노동자 등 주로 비숙련 업종에 집중되어 있었다. 광부의 경우, 1928년 현재 1,673명에 이르렀으며 평안북도 어느 사영 광산 한 곳에만 중국인 노동자가 302명일 정도였다.[57]

2

중국인 노동자는
이 땅에서
어떻게 살았을까?

1

중국인 노동자 가족의
구성 변화

1920년 이전만 하더라도 중국인 노동자 대다수는 조선에 가족을 대동하지 않고 단신으로 입국하였다. 그러나 1920년대 후반 이래 토목 사업을 비롯한 각종 사업이 대폭 증가하고 일본인 자본가들이 중국인 노동자를 고용하는 비율이 높아지자 점차 조선에 눌러앉기 시작하였다. 〈표 5〉는 중국인 노동자에 국한되지 않고 재조 중국인 전체를 대상으로 삼아 작성된 통계이지만 당시 중국인 노동자의 증가 추세에 비추어 보았을 때 중국인 노동자의 가족 구성 또한 잘 보여준다 하겠다.

먼저 남녀 성비를 보았을 때, 1930년 들어 남성에 대한 여성의 비율이 급격하게 높아지고 있다. 1925년에는 그 비율이 0.11이었지만 1930년에는 0.17로 증가하였다. 이러한 증가는 남성들이 단

〈표 5〉 1925년과 1930년 재조 중국인의 성별 · 연령별 현황

연도 연령	1925			1930		
	총수	남	여	총수	남	여
총수	58,057	51,883	6,174	91,783	78,125	13,658
성비(남/여)	8.40			5.72		
0 - 4세	2,146	1,111	1,025	5,037	2,476	2,561
5 - 9세	1,512	726	786	3,497	1,699	1,798
10-14세	2,083	1,504	570	3,287	2,137	1,750
0 -14세	5,741 (9.9)	3,341 (6.1)	2,381 (38.6)	11,821 (12.9)	6,312 (8.1)	5,509 (40.3)
15-19세	7,577	7,132	445	10,357	9,318	1,039
20-24세	10,096	9,495	601	15,032	13,749	1,283
25-29세	9,560	8,933	627	15,990	14,389	1,601
30-34세	8,417	7,747	670	11,987	10,697	1,290
35-39세	6,937	6,395	542	10,384	9,332	1,052
40-44세	4,507	4,175	332	6,956	6,231	725
45-49세	2,601	2,375	226	4,740	4,282	458
50-54세	1,340	1,217	129	2,454	2,153	301
55-59세	764	662	102	1,206	1,018	188
60-64세	306	263	49	519	407	112
15-64세	52,105 (89.7)	48,394 (93.3)	3,723 (60.3)	79,625 (86.8)	71,576 (91.6)	8,049 (58.9)
65-69세	103	81	22	249	183	66
70-74세	43	32	11	60	37	23
75-79세	37	17	20	15	10	5
80세 이상	22	18	4	13	7	6
65세 이상	205 (0.4)	148 (0.3)	57 (1.0)	337 (0.4)	237 (0.3)	100 (0.7)

출전 : 『朝鮮簡易國勢調査報告』, 1925, 『朝鮮國勢調査報告』, 1932.

비고 : 괄호 안은 연령별 비중(%)을 나타낸 것으로 소수점 첫째자리까지 반올림함.

신으로 입국하기보다는 여성을 동반하는 비율이 점차 늘어나고 있음을 보여준다. 특히 1931년에는 중국인 여성 52명이 인천항에 입국하였다. 당시 언론들은 "전일에는 보지 못하든 일로 그들이 점차 조선에 영주永住하라는 경향"이라고 보도하였다.[1] 중국인 여성들이 조선에 영구적으로 거주하기 위해 남성들과 함께 입국하기에 이른 것이다.

유소년의 인구 비율도 증가하고 있음에 유의할 필요가 있다. 1925년에는 유소년인구에 대한 생산가능인구(15~64세) 비율이 9.08인 데 반해 1930년에는 6.74로 줄어들었다. 이러한 수치는 중국인 가장들이 아이들을 동반하고 입국하였음을 말해준다. 또한 생산가능인구의 비율이 줄어드는 반면에 비생산가능인구와 비경제활동인구(주부, 여성 등 무업자 비율 63.2퍼센트)가 증가하는 점도 주목할 필요가 있다.

아울러 중국인 여성들의 출산율이 높아지고 있다. 1925년과 1930년 사이의 각 연령별 증가율을 보면 0-4세 연령대, 5-9세 연령대, 10-14세 연령대의 증가율이 각각 135퍼센트, 131퍼센트, 58퍼센트이었다. 또 0-15세 증가율(12.33퍼센트)이 전체 증가율(1.58퍼센트)을 훨씬 상회하고 있다. 저연령대로 갈수록 인구증가율이 높아진 셈이다.

이러한 수치는 중국인들이 계절에 맞추어 일시적으로 거류하여 노동하기보다는 점차 가족을 동반하여 입국한 뒤 일정한 곳에 정주한 채 노동하는 인구가 증가했음을 의미한다.

한편, 조선총독부의 공식적인 거류 인구로는 잡히지 않지만 수많은 중국인 노동자들이 입국하였다. 그중 대표적인 도시는 인천부와 신의주부로 입항자와 출항자의 차이를 산출하면 1924년에는 1만 8,669명(입항자와 출항자 각각 2만 9,220명과 1만 551명)인 반면에 1927년에는 1만 4,709명(입항자와 출항자 각각 3만 6,644명과 2만 1,935명)이었다.[2] 당시 1924년에서 1927년 사이에 이러한 차이를 누적하면 5만 127명에 달하였다. 이러한 수치의 인구는 결국 조선 국내에 잔존하여 정주 인구로 전화했을 가능성이 높다. 그렇다면 조선 국내에 남은 이들은 계절노동자로서 중국과 조선을 왕래하기보다는 상업이나 농업, 공업, 토목건축 분야에 종사하면서 정주 생활을 영위하고 있었다고 하겠다.

그런데 이들 중국인 노동자는 아무 연고도 없이 무턱대고 들어오지는 않았다. 먼저 입국하여 거주하고 있는 화교들의 도움이 없었다면 이들은 과감하게 입국하지 못하였을 것이다. 그렇다면 이들 양자를 이어주는 끈은 무엇이었을까? 그리고 이들의 연계를 지속적으로 유지해주는 고리는 무엇이었을까?

2 중국인 노동자의 연망

고력방

중국인 노동자들은 '고력방苦力幇'이라는 그들만의 독특한 자치 조직 속에서 조선사회에 적응해갔다. 이러한 고력방은 주로 동일한 업종 또는 동일한 고향을 따라 조직되었는데 조선에서는 동향同鄕 연고로 조직된 방이 점차 증가하였다. 타지의 언어와 습속을 배우지 못한 중국인 노동자들로서는 고력방에 듦으로써 생활과 노동의 근거지를 확보할 수 있었다. 따라서 대부분의 노동자들은 단독으로 행동하는 일이 드물었고 조직에 가입하는 것이 여러 방면에서 편리하였다.

보통 계절노동의 경험이 있는 자가 '고력두[쿨리두]'라 불리는 두목이 되어 수십 명의 노동자를 인솔하여 하나의 방을 조직하

중국인 노동자는 이 땅에서 어떻게 살았을까?

였다.[3] 이들 고력두는 '파두把頭'라고도 하는데 소속된 노동자 수에 따라 '대파두大把頭', '중파두中把頭', '소파두小把頭'라고 불렸으며 각각 300~500명, 100~150명, 15~30명을 관리하였다. 신의주의 경우, 중국 국경과 인접하고 공업이 발달한 까닭에 고력두가 수백 명의 노동자를 관리하기도 하였다.[4] 조선으로 온 중국인 노동자들은 바로 소속 동향 조합에 가입하기도 하고, 고력두가 직접 고향으로 가서 노동자들을 모집하기도 하였다. 따라서 고력방의 근간은 농업이든 공업이든 간에 동향조직이라 하겠다. 반면에 수공업자방은 동업자 간의 조합에 근간하면서 동향으로 연결되기도 하였다.

고력방을 조직한 고력두의 가장 큰 역할은 일자리 알선이다.[5] 고력두는 방을 대표해서 기업 단체와 노동 계약을 맺었는데, 계약을 맺게 되면 해당 기업에 대해 그 방은 일정한 독점권을 가질 수 있었다. 고력두와 계약을 맺은 사업장에서는 번거로움을 피하기 위해 노동자들의 임금을 고력두에게 일괄 지급하기도 하였다. 또한 고력두는 방에 소속된 노동자가 실업상태가 될 경우에는 그의 숙식문제를 방에서 해결해주기도 하였다. 그 밖에 노동자들이 만주지방이나 조선으로 도항할 때 여비를 준비하지 못한 경우에는 소속 방의 고력두 이름으로 이출항 여관에서 여비를 빌리기도 하였다. 빌린 비용은 고향으로 돌아갈 때 상환하였다.

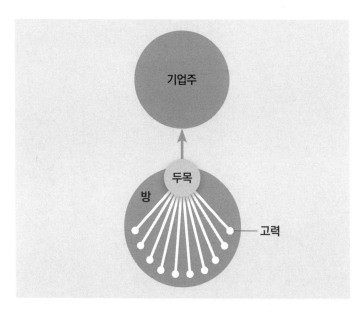

〈**그림 5**〉 고력방과 기업주의 관계. 직선은 조합원 관계를 보여줌.

　고력방의 구조는 다음과 같다. 보통 한 명의 고력두 밑에 십여 명 내지 수십 명의 노동자가 있고, 이들은 일정한 규칙에 따라 노동하였다. 노동자는 방에 가입하면 고력두의 명령에 따라야 했고, 엄격한 방의 규칙을 반드시 준수해야 했다. 물론 노동자가 고력두의 처치에 불만이 있을 때는 소속된 방을 떠나 다른 방에 가입할 수 있었다. 이들 노동자는 수공업방에서 보이는 사부師傅와 종제從弟의 관계와는 달리 자유 의지로 고력두와 대등한 관계를 맺기 때문이다. 그러나 일단 어떤 한 고력방에 가입하면 다른 고

중국인 노동자는 이 땅에서 어떻게 살았을까?

력방에 중복으로 가입할 수 없었다. 또한 '방'과 '방' 사이에는 규칙이 있어 서로 상대방의 활동 지역을 침범하지 않는 것을 원칙으로 했다

한편, 노동자들은 방의 비용을 일일이 분담하는 번거로움을 피하기 위해서 임금의 일부를 고력두에게 납입하였다. 고력두는 그 돈을 방의 비용으로 충당하는 동시에 자신의 생계비로도 사용하였다. 고력방에서 지내는 공동생활은 노동자의 생활비를 절감시켰다. 생활비 절감은 저축으로 이어지기 때문에 이 부분은 해외 노동 이주자였던 중국인 노동자에게 중요하였다. 특히 중국인 노동자 대다수가 비숙련 노동자여서 취직이 어려웠고, 언어 소통의 불편함, 관습과 문화에 대한 이해 부족 등으로 개인 생활보다 '방'에 가입하여 단체 활동을 하는 것이 조선 생활에 적응하는 데 유리했다. 따라서 많은 고력들은 자신들과 같이 처지가 어려운 노동자들을 묶어주는 고력방을 매우 필요로 하였다.

방에서는 고력들의 종사 분야에 대한 단체훈련도 시행했다. 고용주들이 중국인 노동자들을 한국인 노동자들보다 후하게 평가한 것도 이 때문이었다. 당시 한 노동조합장은 "조선인 노동자가 중국인 노동자보다 능률이 뒤떨어지는 주된 원인은 개인적 소질에도 있지만, 이 단체적 훈련이 부족한 것이 그 주원인이다."라고 할 정도로 고력방에서의 훈련은 노동생산성을 높이는

이주노동자, 그들은 우리에게 어떻게 다가왔나

데 매우 긴요하였다.[6] 이처럼 조선에서 중국인 노동자들이 수적으로도 증가하고 그들의 입지가 조선 내에서 한층 굳어질 수 있었던 데에는 그들의 자치 조직인 고력방의 역할이 컸던 것이다.

그러나 고력방 조직이 고력들을 지원하는 일만 한 것은 아니었다. 일부 고력두는 막강한 권한을 악용하여 고력들을 가혹하게 대하고 임금을 착취하기도 하였다.[7] 그래서 일부 고력이 고력두를 살해하여 시체를 유기하는 일도 벌어졌다.[8]

향방과 기타 연망

중국인 노동자는 동향을 중심으로 연결되기도 하였다. 이들은 같은 고향을 중심으로 경방京幇(북경, 직예), 광방廣幇(광동), 남방南幇(광동 이외의 삼강), 북방北幇(산동) 등의 향방鄕幇을 결성하였다.[9] 이러한 향방이 노동자들의 신분을 보장하고 영사관과 연결시켜주기 때문이다. 그리고 이들 동향 조직을 지속적으로 유지하기 위해서 별도의 모임 장소인 회관을 만들어 이용하였다.

경방의 경우, 이미 동래 등지에서 금융업에 종사할 정도였다.[10] 또한 광방은 동순태로 대표되듯이 일찍부터 활동하면서 조선에 대한 청국의 차관에 깊이 관여하기도 하였다. 남방은 그 회관을 서소문정에 두었다.[11] 수표동에 소재하는 북방 역시 상업뿐만 아니라 금융업에 진출하여 실적을 올리기도 하였다. 이들 향방 중 상당수 향방이 1940년대 전반까지도 존속하였다. 그리하여 1910년대 이들 향방은 특정 상점을 중심으로 여러 지역에 영업점을 설립하여 수입품을 공급하고 판매케 하였다.[12] 이 중 포목상의 경우, 중국 본점과 연계하여 제품을 수입한 뒤 조선 내 중개업자 조합을 통해 한국인 상인들에게 공급하였다.[13]

서울에는 1884년에 각 향방들이 연합하여 설립한 중화상회가 이미 존재하였다.[14] 후일 이 단체는 거류민단 또는 상업회의소와 같은 것으로 화상총회華商總會로 결집하여 의사를 결정하고 화교들의 자치 활동을 지원하거나 해당 지역의 설립을 허가함으로써 명실공히 화교 연망의 정점을 이루었다. 즉 조선 내 여러 지역에 산재하는 단체를 묶는 일종의 지역 간 연계 조직이라 하겠다. 또한 중화상회는 지역별로 설립되어 화교들의 연망을 강화하면서 중국인 노동자 자녀의 교육에도 힘을 기울였다. 그것은 무엇보다 이들 노동자의 정착률이 높아지면서 교육의 필요성이 높아졌기 때문이다.

그 밖에 1929년 1월 경성화상총회가 중심이 되어서 조선 거주 노동자도제학교勞動者徒弟學校 설립 계획을 수립하기도 하였다.[15] 조선에 들어와 있는 중국인 노동자가 4~5만 명에 도달하고 상점에 고용된 중국인들이 증가하는 상황이었지만 이들은 대체로 무학無學이었다. 교육기관이 없으면 이들 노동자와 점원들의 성장이

어렵다는 판단에 따라 이런 계획이 세워졌다. 여기서 가르칠 교과는 일상생활에 요긴하게 활용할 교과 및 일본어, 조선어 등이었다. 이 점에서 이러한 도제학교는 기존의 고력방에서 비공식적으로 수행하던 교육 훈련 기능을 가져와 공식적으로 교육 훈련을 하고자 하는 화교 사회의 요청에서 비롯되었다고 하겠다.

화교 사회에서 중화상회는 소학교 경영, 가옥과 거주자 조사, 상업적 분쟁의 조정과 회원의 의뢰에 따른 재산 정리, 상업 발전상의 편의와 기회, '이주와 생사'의 사무, 빈곤자나 피해자 등에 대한 기부, 영사관으로부터의 통달 고시 등을 수행하였다. 중국인 노동자를 비롯한 재조 중국인들이 서로 연결할 수 있었던 것은 이 때문이었다.

한편, 화상총회는 중국 국민당이 조선 각지에 국민당 지부를 설치하는 데 연결고리가 되었다. 즉 1927년 4월 중국 국민당 경성지부가 일본 도쿄지부의 권유에 따라 설치될 때, 동순태의 담걸생 등 유력한 상인들이 주도하면서 태평통 2정목에 소재하였던 광동동향회관廣東同鄕會館에 사무소를 두었다.[16] 그리고 집행위원회를 개최하여 광동인의 단결을 공고히 하고 내외 당원 동지를 연락함으로써 삼민주의의 실현을 목표로 설정하였다. 당시 담걸생은 중국 국민당 경성지부 정감찰위원正監察委員이었으며 요리집 금곡원金谷園의 주인인 주세현周世顯은 중국 국민당 경성지부

중국인 노동자는 이 땅에서 어떻게 살았을까?

정집행위원正執行委員이었다. 그 밖에 20여 명의 화상들이 여러 임원을 맡았다. 또한 조치원, 공주, 광주, 평양, 함흥, 원산, 청진 등 화교들이 다수 거주하는 지역에 국민당 분서가 설치되었는데 여기에도 화상들의 역할이 컸을 것이다.[17] 1931년 현재 국민당원은 3,000명에 이르렀다. 이는 재조 중국인들의 연망을 국민당의 지원 아래 훨씬 강화할 수 있는 계기가 되었을 것이다.

중국인 노동자들은 자신들의 생활 안정과 사회복리 증진을 위해 1929년 봄에 중화노공협회中華勞工協會를 조직하였다.[18] 경성의 본부를 비롯하여 평양지부, 인천지부 등을 설립하였다. 본부의 경우, 집행위원 7명, 감찰위원 5명이었는데 이 가운데 화상이 8명, 교원 2명, 그 외 공장주, 목공업자가 각각 1명이었다. 중화노공협회 역시 중화상회의 인맥이 그대로 이어지고 있음을 알 수 있다.

이어서 중화민국 공상부는 국민정부 공회公會 조례에 의거하여 1929년 9월 16일 훈령을 보내 중화노공협회 설립을 허가하도록 하였다.[19] 중화노공협회가 조직되면서 고력두가 기존에 영사관이 발급하는 초공招工 업무를 맡게 되었다. 나아가 노동자와 기술자 모집을 위탁받아 고력두를 중국 현지에 파견하는 역할을 하였다. 중화노공협회 규칙에 따르면 협회 총사무소를 경성에 두고 조선 각도에 사무분소를 두기로 하였다. 이에 의거하여 평양, 인천과 신의주, 청진, 원산, 함흥 등지의 지부가 승인되었다.

평양지부의 경우, 1929년 10월 20일 지부발회식을 가졌는데 입회자가 130여 명에 이르렀다. 이후 1930년 중화노공협회는 평양에서 중국인 노동자 70여 명이 조직한 중화공연합회中華工聯合會와 합동하여 노공협회가 되었다.[20] 인천지부는 1931년 2월 화교 노농계급의 문맹을 퇴치할 목적으로 중화노공협회 인천지부 회관 내에 민중학교를 설립하였다.[21] 매일 오후 4시부터 2시간씩 천자문부터 교수하였다.

그 밖에 여타 지역에서도 노동자 자녀들을 교육하기 위해 학교를 설립하였다. 남성에 대한 여성의 비율이 높아지고 정착률이 높아지면서 학교에 대한 수요가 커졌던 것이다. 그리하여 1915년에 중화상회 주도로 신의주 화교소학교가 이미 설립된 가운데 1930년에 신의주 화공소학교가 설립되었다.[22] 이 학교는 유소각劉紹恪 개인이 중국인 노동자 거주 지역에 설립하였는데 처음에는 사숙의 형태로 출발하였으나 학교로 개량하면서 교명을 진화소학振華小學이라고 하였다. 점차 중국인 노동자들의 자제가 늘어나자 신의주 화공소학교로 개명하였다. 교무위원회 주석 겸 교장은 설립자인 유소각이고 교무위원은 전옥곤 등 고력두 10명이었다. 1934년 12월 시점에는 학생과 교원이 각각 86명과 2명이었다. 입학생 학비가 약 700원이었고 교무위원회 주석과 위원의 기부금으로 운영되었다.

그 밖에 관내 다른 지역에서도 학교가 설립되어 학생들이 모집되었다. 1931년에 설립된 평안북도 운산 북진 화교소학교는 1934년 12월 시점에 학생이 75명이었으며 1934년에 설립된 운산 북진 제2 화교소학교는 학생이 28명이었다.[23] 또 1931년에 설립된 용암포 화교소학교는 학생이 61명이었으며 1934년에 설립된 대유동 화교소학교는 학생이 28명이었다.[24]

아울러 중화노공협회는 회원을 화교 노동자와 이들 노동자와 관계를 맺은 화교로 국한하였지만 필요한 경우에는 일본인의 가입도 인정하였다. 중국인 노동자를 고용하는 사업주가 거의 일본인이라는 점을 고려하여 화교 노동자의 보호, 구제의 문제를 원활하게 추진함을 겨냥한 것이었다.

또한 중화노공협회 회원 노동자에 대한 각종 편의 및 구제조치를 함께 취했다.[25] 예컨대 동 협회는 회원인 화교 노동자를 대신하여 관할 경찰서에 노동자 거주신청을 하거나 작업 중 부상당한 경우에는 회원을 대신하여 고용주와 일체의 교섭을 행할 뿐 아니라 그 의료비 및 식비 등을 부담하는 동시에 상당한 금액의 위로금을 지급하였다. 회원인 노동자가 아파서 작업을 못할 경우에는 적절히 처리하고 여러 비용을 부담하였으며 귀국할 때에는 상당한 금액의 여비를 지급하였다. 한편, 회원인 노동자가

이주노동자, 그들은 우리에게 어떻게 다가왔나

공사 계약 기간에 이유 없이 도망가 숨어버리든가 다른 곳으로 이동할 경우에는 회원의 자격이 취소되었다.

나아가 노공협회는 한국인 하층민과 일본인 하층민들이 고통을 받고 있는 주택 임대료 감하 운동에도 적극 참여하였다.[26] 이들 노동자 역시 주택 임대료가 부담이 매우 컸기 때문이다. 중국인 노동자의 이러한 연망은 중국영사관을 정점으로 중화상회, 중화노공협회 그리고 고력방 등의 각 조직에 근간하였기 때문에 가능하였던 것이다.

끝으로 이발업, 요식업 등 동일한 직종끼리 조직된 각종 조합이 조직되어 친목과 단결을 도모하였다.[27] 수공업자들도 수공방을 조직하였다.[28] 그 밖에 중국인 노동자를 구호하는 화교달마불교회가 경성부 서소문정에 소재하였다.[29]

3 종사 직종과 노동조건

중국인 노동자들의 대다수를 차지하는 고력은 주로 토목·건축 부문에 종사하였다. 1920년대 인프라 건설이 본격화되면서 노동력에 대한 수요가 가장 많았기 때문이다. 비숙련노동자인 고력은 대체로 도로 공사, 석재 채취, 학교 건축, 철도 공사, 수리시설 공사, 농장 건축, 개척사업, 철도역 건축 공사, 벌목사업, 사방 공사 등의 사업에서 운반부, 나무꾼, 농부, 광부, 인력거부 등으로 고용되었다. 1928년에 각종 사업장에 고용된 고력은 전체 노동자의 20퍼센트를 넘은 것으로 추정된다.[30] 특히 함흥 침수지대 방수 제56공구 공사에서는 한국인 노동자의 2배에 이르렀으며 용산철도병원 신축 공사에서는 한국인 노동자 수와 동일하였다.[31] 이러한 수치는 당시 관영 공사 사업장에 주로 적용되는 외국인 3분의 1 이하 고용 기준을 훨씬 넘어서는 비율이었다.

이러한 사업장에 고용된 중국인 노동자의 연령은 어떠할까? 전체 통계가 없지만 1928년 국내 19개 토목건축 공사장에 고용된 중국인 노동자의 처지를 조사한 『조선공사용각종노동자실상조朝鮮工事用各種勞動者實狀調』에 따르면 직종별 연령대는 〈표 6〉과 같다.[32]

〈표 6〉에 나타난, 연령을 알 수 있는 중국인 노동자는 61명에 지나지 않지만 연령, 작업 종류, 1일 임금, 1일 생활비, 작업 환경 등의 요건을 갖춘 중국인 노동자를 뽑아 조사하였기 때문에 중국인 노동자들의 일반적인 처지를 보여준다.

우선 조사대상으로 삼은 61명은 19개 사업장 토목·건축에서 고력, 목수, 석공, 대장장이, 표구사, 벽돌공, 갱부, 콘크리트 제

〈표 6〉 1928년 중국인 토건 노동자의 종사 직종과 연령대

연령	고력	목수	석공	표구사	벽돌공	갱부	콘크리트제조	火作工	흙을 파거나 이기는 사람	철물공	십장	대장장이	합계
20대	10	4	2		1	1	1			1			20
30대	15	8	5	2	1			2	1	1		1	36
40대		2	1								1	1	5
합계	25	14	8	2	2	1	1	2	1	2	1	2	61

출전 : 『朝鮮工事用各種勞動者實狀調』, 조선토목건축협회, 1928.

비고 : 노태정, 「1920년대 재조선 중국인 노동자의 실상」, 성균관대학교 석사학위논문, 2009.

중국인 노동자는 이 땅에서 어떻게 살았을까?

조, 화작공火作工, 철물공, 십장 등이다. 연령대는 20·30대가 주축이 되고 있으며 이들 중 많은 수가 고력이다. 40대 노동자 중에는 고력이 보이지 않았고, 대신에 십장 역할을 한 사람이 보인다. 노동자의 90퍼센트 이상이 20·30대에 분포되어 있음에도 이들 가운데 십장은 없었던 것으로 보아 오랜 기간 토목건축 공사장에서 숙련공으로 일하였던 40대가 그 연륜을 바탕으로 십장의 역할을 맡았던 것으로 보인다.

그러면 이들 노동자의 직종별 1일 임금은 어느 정도였을까? 중국인 노동자들의 세부 직종별 임금 차이를 보면 다음과 같다.

우선 고력의 1일 임금은 최저 0.600원에서 최고 1.599원이었던데 비해 목수는 최저 1.600원에서 최고 3.099원까지 받았다. 고력의 최고 임금이 목수의 최저 임금에도 미치지 못하고 있음을 확인할 수 있다. 고력의 임금이 낮게 책정되었던 것은 기술 숙련이 필요 없는 비숙련공에 속했기 때문이다. 또한 같은 사업장에서 같은 업종에 종사하는 사람들 사이에서도 임금의 차이가 발생하고 있다. 즉 노동자의 임금이 조업형태, 고용관계에 따라 다양한 형태로 산정되고 지불되었던 것이다. 이처럼 다양한 산정 방식이 자본의 이윤을 극대화하고 노동자를 탄압하는 데 효율적이기 때문이다.

이 가운데 중국인 노동자가 작업한 19개 사업장에서 한 달 근무일수는 최저 24일에서 최고 30일까지였는데 대부분이 25~26일이었다. 또 중국인 노동자들의 하루 생활비는 개인차가 있지만, 적게는 0.400원부터 많게는 1.099원을 소비하고 있었다. 일반적으로 하루에 0.400원 이상 0.800원 미만을 소비하고 있었던 것으로 보인다. 이를 통해 중국인 노동자의 하루 실소득과 한 달 실소득이 어느 정도였는지 산정해볼 수 있다. 하루 실소득은 0.204~2.213원, 한 달 실소득은 2.870~48.390원이었던 것으로 보인다. 당시 쌀 한가마니가 20원이었음을 감안할 때 매우 궁핍한 생활을 영위했음을 알 수 있다.

다음으로 광산에서 노동하는 중국인 노동자의 처지는 어떠했는지 살펴보자. 그들도 도시에 사는 고력과 크게 다를 게 없었다. 다만 회사로부터 받는 처우는 광산별로 차이가 났다.

1926년 현재 광부가 2만 416명이며 이 중 중국인 광부는 1,326명이었다.[33] 이들의 임금은 1928년 현재 한국인과 중국인은 80전 정도이고 일본인은 1원 20~60전이었다.[34] 일본인들은 광부라기보다는 관리 감독자였기 때문이다.

그런데 1926년 1년간 사상자가 2,789명에 이르렀다.[35] 전체 광부 중 13.7퍼센트가 죽거나 부상을 당한 셈이다. 일본인보다 훨씬 열악한 조건에서 노동하고 있었던 중국인 광부도 한국인과 동일한 비율로 사상을 당하였다고 산정한다면 180여 명이 죽거나 다쳤음을 추정할 수 있다.[36] 물론 회사 측에서 합숙소를 제공하고 필수품을 저렴한 가격에 구입할 수 있게 하였으며, 업무 중 상해를 당했을 때, 회사 측에서 치료비를 부담하고 질병 시에도 소액이긴 하지만 일급을 지급하는 규정이 있었다.[37] 또 어느 탄광에서는 땔감, 의약을 무료로 배급하기도 하였다. 심지어 1개월 개근자에게 3분의 1의 임금을 상으로 주는 규정도 있었다. 그러나 조선총독부의 조사대로 대우를 받았는지 확인하기 어렵다. 오히려 설비 부실로 광산이 붕괴하거나 승강기가 고장 나기도 하고 다이너마이트가 폭발하여 매년 사상자가 늘고 있는 상황에서 중국인 광부도 이러한 사고를 면치 못했을 것이다.

1927년 서선전흥西鮮電興이 경영하던 정백탄광에서 폭발 사고가 일어났다. 이 사고로 15명의 노동자가 즉사하였지만, 회사 측은 경찰과 야합하여 법적인 책임을 면제받았고, 결국 재해에 대해 소량의 보상금만 냈다.[38] 일부 탄광에서는 경영 악화를 이유로 임금을 간혹 지급하지 않기도 하였다. 예컨대 함북 회령 소재 북선탄광기선회사가 광부들에게 수개월째 임금을 주지 않자 한국인 광부 257명과 중국인 광부 137명이 임금 지급을 강력하게 요구하였다.[39]

또 1930년 조사에 따르면 조선 전국의 213개 광산 중 병원, 진료소 등의 시설을 갖춘 곳은 16곳뿐이었고, 응급약 또는 간단한 치료 도구를 준비한 곳은 24곳에 지나지 않았다.[40] 빈발하는 노동 재해에 대한 응급조치도 제대로 할 수 없다고 생각되는 환경이었다. 광산에서는 한국인 노동자들도 열악한 노동조건을 감내해야 했기에 중국인 노동자는 더 말할 나위도 없었을 것이다.

1920년대 조선에서는 아직 공장제 공업이 발달하지 못해 공장 노동자가 전체 노동자에서 차지하는 비율이 낮았다. 중국인 공장 노동자들도 한국인 노동자와 마찬가지로 그 비율이 매우 낮다. 1921년에는 중국인 공장 노동자가 2,500여 명으로 전체 노동자 중에서 5퍼센트를 차지하는 데 그쳤다.[41] 그런데 이후에도 사정은 달라지지 않았다. 1927년에 통계상 오차가 다소 나지만 중국인 공장 노동자가 3,731명에 지나지 않아 그 비율이 5퍼센트 미만이었다.[42]

그러면 이들 중국인 공장 노동자가 종사한 업종과 인원은 어떠했을까? 〈표 7〉은 1931년 재조 공장 노동자의 민족별 종사 업종 현황이다.

중국인 공장 노동자의 경우, 제재製材 · 목제품 제조 업종에 종사하는 비중이 전체 중국인 공장 노동자의 50퍼센트에 육박하고 있다. 특히 이 업종에서 중국인 노동자 수는 한국인 노동자 수에 못지않다. 반면에 한국인 노동자와 일본인 노동자의 주된 종사 업종은 각각 방직 · 식료품 제조공업과 화학공업이다.

중국인 노동자는 이 땅에서 어떻게 살았을까?

업종별	한국인	중국인	일본인	합계
방직	16,603	261	242	17,196
금속	1,908	508	370	2,786
기계 · 기구	2,876	113	904	3,893
요업	2,559	400	358	4,317
화학	6,678	70	3,286	10,033
제재 · 목제품	1,827	1,595	125	3,547
인쇄 · 제본	3,262	9	209	3,480
식료품 제조	16,399	135	378	16,912
가스 · 전기	297	15	109	421
기타 제조	2,492	108	189	2,789
계	55,991	3,214	6,169	65,374

출전 : 南滿洲鐵道 經濟調査會 編, 『朝鮮人勞動者一般事情』, 1933, 75~76쪽.

중국인 노동자의 제재 · 목제품 업종 종사 비중이 이처럼 높은 것은 무엇보다 그들 다수가 거주하는 평안북도의 산업적 특성과 밀접하다. 주지하다시피 평안북도는 신의주를 중심으로 제재 · 목제품 산업이 발달하였기 때문이다. 당시 신의주는 '노동도시' 이자 '목재의 도시'라고 불릴 정도였다.[43] 제재, 제지製紙를 비롯해서 각 공장이나 운반 등 노동에 종사하는 노동자가 부민의 3분의 1이나 되었던 것이다.

다음, 중국인 공장 노동자의 임금은 어느 수준이었을까? 〈표

8〉은 1929년 중국인 공장 노동자의 임금과 노동시간을 타 민족과 비교한 것이다.

중국인 노동자의 임금은 한국인과 일본인의 임금보다 적다. 특히 일본인과 비교하면 성년 노동자의 경우, 중국인의 임금은 일본인 임금의 43퍼센트에 지나지 않는다. 그리고 이를 시간당 임금으로 산정하면 36퍼센트에 지나지 않는다. 중국인 노동자의 임금은 한국인 노동자에 비교하여 조금 낮다. 당시 한국인 비숙련 노동자들의 생활 상태가 한국인 계층 중 가장 빈궁한 토막민의 생활과 비슷하다는 점에서 중국인 노동자들의 생활 상태도

〈표 8〉 1929년 재조 공장 노동자의 민족별 임금, 노동시간

민족별 노동조건	중국인		한국인				일본인		
	남		남		여		남		여
	성년공	유년공	성년공	유년공	성년공	유년공	성년공	유년공	성년공
노동자수	2,247	24	26,272	1,072	16,682	3,989	5,399	65	344
임금(원)	0.85	0.34	0.94	0.47	0.61	0.39	1.96	0.63	1.02
노동시간	10.46	10.36	9.48	10.18	10.42	10.42	8.48	8.42	9.30
시간당임금	0.084	0.032	0.099	0.046	0.058	0.037	0.231	0.074	0.109

출전 : 조선총독부, 『조선총독부통계월보』, 1930년 3월호.

비고 : 숙련노동자와 비숙련노동자 임금이 모두 반영되어 있다. 다만 고력의 경우, 조선총독부에 파악되지 않는 일부가 이 통계에서 제외될 수 있다. 따라서 중국인 노동자의 임금은 실제 더 낮을 것이다.

중국인 노동자는 이 땅에서 어떻게 살았을까?

짐작할 수 있겠다.[44] 노동시간의 경우, 한국인 성년공이 일본인 성년공보다 1시간 많으며 중국인 성년공이 한국인 성년공보다 1시간이 더 많다. 이처럼 일본인, 한국인, 중국인 순으로 구성된 노동시장의 위계구조 속에서 한국인은 일본인에게 착취당하면서 중국인과 경쟁해야 했던 것이다.

그렇다면 중국인 노동자는 값싼 임금으로 어떻게 생활을 영위하며 남은 돈을 모아 본국으로 송금할 수 있었을까?

김종한의 연구에 따르면 중국인 노동자들이 임금이 낮아도 실소득은 매우 높았다. 한국인과 일본인의 실소득이 각각 7.772원과 22.678원인 데 반해 중국인의 실소득은 17.354원이었다. 중국인 노동자의 실소득을 비롯한 각종 항목을 여타 민족의 경우와 비교하면 〈표 9〉와 같다.

중국인 노동자가 한국인 노동자보다 임금은 낮지만 실소득 면에서는 한국인 노동자보다 높게 나온다. 왜 그럴까?

그 이유는 중국인들 대부분이 독신자였기 때문이다. 그들의 실생활비가 0.670원인 데 반해 한국인들 대부분은 가솔을 이끌고 있는 처지라 실생활비가 1.031원에 이른다. 이러한 수치는 이여성·김세용의 『수자조선연구』에 수록된 관련 통계 수치에 근접한다. 중국인들은 임금이 최저로 내려갈지라도 생활고를 감당할 수 있지만 한국인들은 버틸 수가 없었다. 〈표 9〉에서 말하는 1일

<표 9> 1928년 민족별 임금, 소득 및 생계비 관련 변수의 평균치

	전체(613명)		중국인		한국인		일본인	
	평균값	표준편차	평균값	표준편차	평균값	표준편차	평균값	표준편차
1일 임금	1.900	0.975	1.495	0.630	1.609	0.760	3.118	0.824
3계절 평균 1일 의복비	0.182	0.087	0.089	0.031	0.170	0.072	0.270	0.079
1일 음식료비	0.603	0.250	0.512	0.095	0.563	0.226	0.789	0.295
1일 주거비	0.177	0.220	0.003	0.018	0.135	0.174	0.407	0.247
1일 잡비	0.170	0.228	0.071	0.085	0.165	0.258	0.239	0.127
1일 실생활비	1.132	0.488	0.670	0.169	1.031	0.399	1.722	0.356
1일 실소득액[1]	0.782	0.690	0.825	0.542	0.584	0.576	1.442	0.710
1개월 실소득(손실)액[2]	11.762	13.339	17.354	12.466	7.771	11.521	22.678	12.564
엥겔계수(%)[3]	55.7		76.4		54.6		45.8	

주 1) 1일 실소득액 = 1일 임금 − 1일 실생활비
 2) 1개월 실소득(손실)액 = (1일 임금×1개월간 근속일수) − (1일 실생활비×30)
 3) 엥겔계수 = 1일 음식료비/1일 실생활비×100
출전 : 조선토목건축협회, 『조선공사용각종노동자실상조』, 1928년 분석결과.
비고 : 김종한, 「1928년 조선에서의 민족별 임금차별−토목건축계 노동자의 임금격차 분해
 를 중심으로」, 《경제사학》 24, 1998, 76쪽 재인용.

의복비는 봄가을, 여름, 겨울 3계절 각각에 대해 모자, 의복, 양
발, 신발 등을 구입하는 데 드는 비용이다. 식사비는 아침, 점심,
저녁의 주식 및 부식, 간식, 음주, 담배 등을 가리킨다. 그리고 잡
비는 연료, 등불, 조세, 이발, 세탁, 직공구織工具 등을 포함한다.

중국인 노동자는 이 땅에서 어떻게 살았을까?

중국인 노동자들은 이렇듯 어렵게 돈을 모아 본국에 남아 있는 가족에게 송금하였다. 따라서 그들의 임금이 실제 조선 경제에 보탬이 되지 못한 셈이다. 특히 고력은 이러한 절검이 몸에 배어 있어 조선 국내에서 지출하는 비용이 매우 적었다. 그것은 임금이 가장 낮기도 하거니와 본국에 송금해야 한다는 절박감이 컸던 데서 연유하였다. 당시 외부인의 눈에 비친 고력의 생활은 다음과 같았다.

…… 검소하여 눈비에도 참고, 풍상의 어려움을 견디며, 누더기 같은 옷을 입어도 상관하지 않고, 마대 푸대를 등에 메고 다니다가 시장하면 그 속에 자작 만두를 꺼내어 질가 우물 옆에서 물을 마시며 먹는다. 유일한 반찬은 동전 한 푼만 주면 살 수 있는 생파로서 간장에 찍어 먹는다. 밤에도 여관에서 자는 일은 없고, 인가의 추녀 밑에서 잔다. 일단 노동에 임하면 괴로움, 어려움의 불평이 없다.[45]

그리하여 중국인 노동자의 대부분은 1일 2식의 식비 15~20전으로 만족하였다. 1일 40전의 수입이 있는 고력은 21전(52.1퍼센트)의 잡비, 3전(7.5퍼센트)의 부식비, 3전(7.5퍼센트)의 의복비, 12전(27.5퍼센트)의 잡비, 2전(5퍼센트)의 저축으로 검소한 생활을 하였다. 『수자조선연구』에 따르면 1928년 현재 한국인 노동자와 일본인 노동자가 임금에서 각각 61퍼센트와 55퍼센트를 지출한 데 반해 중국인 노동자는 43퍼센트에 지나지 않았다. 그리하여 중국인 노동자는 매월 업종별 평균 실제 수입이 24원 89전 5리여서 한국인 노동자 11원 57전 8리보다 13원 31전 7리만큼 많으며 심지어 일본인 22원 92전 9리보다 1원 86전 6리나 많았다.[46]

매일 85전을 받는 어느 고력은 그나마 수입이 상대적으로 많아 실소득도 많았다. 예컨대 1928년 당시 26세인 고력은 용산 한강 제방 공사 중 토목 직종에 참가하여 계절에 따라 다르지만 최소 8시간에서 최대 12시간까지 노동하면서 매일 85전을 받았는데 총 26일간이어서 그의 매달 생활비를 제외하면 매달 남는 수입이 2원 87전에 이르렀다.[47] 물론 이 돈은 본국 가족에게 송금되었다. 심지어 재령군의 수리 공사에 참가하였던 어느 고력은 1일 1원을 받음에도 생활비를 48전 2푼으로 줄여 매달 12원 54전을 송금하기도 하였다. 당시 일부 고력들은 밀가루로 만든 1개 5전짜리 중국빵으로 끼니를 때웠고, 다다미 4장 반 정도의 좁은 방에서 6, 7명이 다리를 꼬부리고 새우잠을 잤다.[48]

목수, 석공 등 기술자들은 수입이 고력보다 많기 때문에 훨씬 많은 돈을 본국으로 송금하였다. 이들 역시 수입이 고력의 배 이상임에도 생활비는 수입의 반도 들지 않는 경우가 있었다. 기술자들도 생활비를 가능한 한 줄여 본국으로 송금하려 했던 의지가 강했던 것이다.

중국인 노동자들의 주거는 또 어떠했을까? 그들은 생활비를 아끼기 위해 화교들이 다수 거주하는 곳 중에서 가장 저렴한 월셋집을 찾았다. 그리하여 1930년 경성부의 한국인과 일본인 가호는 가옥을 소유한 비율이 각각 41.1퍼센트, 24.9퍼센트인 데 반해 이들 중국인 가호의 경우는 17.2퍼센트에 불과하였다.[49] 물론 화교들 중에는 부유한 상인들이 많아 중국인 1호당 가옥세 부담액은 한국인 1호당 부담액의 4배가량 되었다.[50]

이러한 수치는 당시 중국인들이 매우 저렴한 주택을 빌려 월세를 지불했거나 주택을 소유한다고 하더라도 매우 값싼 주택에 거주하였음을 보여준다. 예컨대 1930년 현재 남방회관이 소재하고 있는 서소문정에는 한국인과 일본인 거주자가 각각 572명과 497명인 데 반해 화교 거주자는 무려 1,600명가량이었다.[51] 또한 이곳을 "지나갈 때에는 청요리에 많이 쓰는 도야지 기름 냄새가 물컨물컨 난다. 중국 사람들은 어데로 가서 살든지 그들의 물색을 잃어버리지 않는 특징이 있다. 모두 중국옷을 그냥 그대로 입고 중국신을 꼭 신고 지낸다. 그래서 이 골목을 지나갈 때에는 흡사히 중국 산동성 어느 곳에나 온듯한 느낌을 가지게 한다."[52] 그리하여 이곳에는 비싼 주거비로 인해 경성부 중심지에 거주할 수 없었던 중국인 노동자들이 대거 거주하였다.

일부 중국인 공장 노동자들은 공장 합숙소에서 잠자리를 해결하기도 하였다. 그러나 이 역시 여건은 매우 열악하였다. 세탁공장인 이단옥세포소伊丹屋洗布所의 경우, 직공 숙실(숙직실) 육첩六疊, 중간크기 다다미방에 11명이 자도록 했다. 숙실 옆에 변소를 만들고 그 사이에는 종이 한 장만 발라놓아 차마 사람이 견딜 수 없는 형편이었다.[53]

그 밖에 광방회관이 소재하였던 태평통 2정목에도 거주하는 화교가 1,000여 명에 이르렀다.[54] 이곳 역시 "좌편 우편으로 게딱지 같은 나지막한 집들이 부끄러운 줄도 모르고 그냥 난장이같이 앉아 있는데 거기다가 벌여놓은 상점들은 케케 때 묻은 고물들 뿐"이었다.[55]

중국인 노동자는 이 땅에서 어떻게 살았을까?

3

한중 노동자가
충돌하다

1

만주사변 이전
한중 노동자의 갈등 양상

1920년대에 들어와 한국인 노동자와 중국인 노동자 간의 갈등이 점차 심화되었다. 당시에는 일제가 사회간접자본을 투입하여 각종 토목사업이 늘어나고 있었다. 그러자 노동력 수요가 급증하고 중국인 노동자들이 일자리를 찾아 대거 입국하였던 것이다.

일제는 1919년 3·1운동 후 이른바 문화정치로 전환하면서 일본 자본의 진출을 지원하였다. 미곡을 비롯한 각종 자원의 생산액을 제고하고 다량으로 이출移出할 의도에서 철도, 통신, 수리 시설 등 인프라 시설 확충에 힘을 기울였다. 이에 따라 사회간접자본의 투입액이 증가하고 청부업자의 계약액도 증가하였다.

〈표 10〉은 1920년부터 1931년 만주사변 직전까지 조선총독부 사회간접자본 투입과 토목 노동력을 대거 사용하였던 청부업자

한중 노동자가 충돌하다

〈표 10〉 1920년대 조선총독부 사회간접자본 투입액과 조선토목협회 계약액

단위 : 원

연도	사회간접자본 투입액	조선토목협회 계약액
1920	23,848,000	—
1921	24,924,000	—
1922	29,575,000	30,024,442
1923	24,698,000	18,472,194
1924	17,337,000	10,456,492
1925	26,360,000	15,706,320
1926	33,448,000	31,773,443
1927	41,139,000	29,394,162
1928	39,886,000	23,943,125
1929	37,627,000	29,688,426
1930	29,434,000	16,116,029

출전 : 김재호, 「식민지기의 재정지출과 사회간접자본의 형성」, 《경제사학》 46, 2009, 103~109쪽.

도리유미 유타카, 「일제하 일본인 청부업자의 활동과 이윤창출」, 서울대학교 박사학위논문, 2013, 63쪽.

牧野良三, 『請負業者의 所謂談合W에 관하여』, 新家猛, 1935, 39쪽.

비고 : 1920년과 1921년 조선토목협회 계약액은 원자료에 명기되어 있지 않음.

의 계약액이다.

1923~1925년에는 사회간접자본 투입액과 계약액이 관동대지진 여파에 따른 국내 자금 경색으로 주춤하였지만 1925년을 넘어서면 전자든 후자든 공히 3천만 원을 넘어설 정도로 토목건축사업이 붐을 이루고 있다. 이 가운데 철도 부설을 비롯한 교통부문

이 많은 비중을 차지하였다. 전기와 철도 부문에서 민간 투자가 이루어지기는 했지만 전체 투자액에서 차지하는 비중이 크게 낮았으므로 조선총독부가 투입한 사회간접자본 금액으로 당시 토목건축의 규모를 파악해도 무리가 없다고 본다. 산미증식계획에 따른 수리조합 사업비가 증가한 것도 이러한 증가의 요인이었다. 심지어 1927년에는 조선총독부의 사회간접자본 투입액이 4천만 원을 넘기기에 이르렀다. 이는 토목건축업에서 노동력에 대한 수요가 크게 늘어났음을 반증한다.

　청부업자 전체는 외형적으로 보면 막대한 이윤을 창출할 수 있었다. 그렇지만 1921년 회계법, 회계규칙이 개정되고 일반 경쟁 입찰이 원칙으로 자리 잡음에 따라 개별 청부업자들은 공사 단가의 저하로 이익이 줄어들었다.[1] 이에 청부업자들은 정치가, 관료들과 직접 담판하여 공공 공사의 양을 늘리려고 하였다. 정치가, 관료들과 비공식적인 접촉에 따른 지출이 증가하자 이를 벌충하기 위해 노동자에게 지급되는 노무비를 가능한 한 줄이려고도 하였다. 한국인 노동자의 임금을 지불하지 않거나 임금 수준을 낮추는 일도 간혹 일어났다. 청부업자들은 고용된 노동자들의 노무비 감하에 만족하지 않고 또 다른 방법을 강구하였다. 그러할 때 눈에 들어온 노동자가 중국인 노동자였다. 이들 중국인 노동자는 한국인 노동자보다 임금이 저렴했기 때문이다.[2]

한중 노동자가 충돌하다

당시 《동아일보》 1928년 11월 16일 기사에서는 청부업자들의 이러한 행태를 다음과 같이 보도하면서 한국인 노동자들의 위기감을 불러일으켰음을 강조하였다.

(평안남도) 도 방침으로서는 어떤 청부업자든지 중국노동자를 조선노동자의 십분지일이상을 더 쓰지 않도록 한다고 하지마는 적극적 방침이 없고 반면에 청부업자들의 타산적 수단은 최근 준공된 평양경찰서의 신축에도 역시 중국노동자가 다수이었고 뿐만아니라 방금 공사 진행 중에 있는 평원군 평안 수리조합 공사에도 중국노동자를 많이 써서 임금관계로 구축되는 조선노동자의 비참한 현상도 현상이거니와 지난 6월 7일에 일어났던 사실은 기보한 바도 있거니와 그 밖에 평원선 철도공사에도 역시 이들의 활로가 되어 있어서 이와 같이 이들로 인하여 도처에서 조선노동자는 협위脅威를 느끼는 터인 바도 …….[3]

이처럼 일본인 자본가들은 중국인 노동자를 대체 인력으로 고용함으로써 저임금에 따른 이윤의 극대화를 도모하였다.[4] 나아가 그들은 중국인 노동자를 방패 삼아 한국인들의 노동운동을 유효적절하게 통제하였으니 한국인 노동자들이 임금 문제로 파업에 들어가면 곧바로 중국인 노동자를 고용하곤 하였던 것이다. 당시 어느 자본가는 한국인 노동자들의 노동조건 개선 요구에 대해 "그렇트래도(파업을 해도) 할 사람은 얼마든지 있다"고 엄포를 놓기도 하였다.[5] 이러한 엄포는 단순한 위협이 아니었다. 실제로 이들 자본가는 외국인 노동자 사용 규정을 위반하고 중국인 노동자를 수용하기도 하였다. 함경북도 웅기雄基 같은 국경 지대 토목 공사장에서는 노동자의 80퍼센트가 중국 국적일 정도였다.[6] 수리 공사 또는 토목 공사 같은 업종에서 중국인 노동자를 대거 고용하였다.

일부 신문과 연구기관에서는 중국인 노동자의 근면성과 인내심, 저임금을 높이 평가하면서 그들의 유입을 제한하지 말 것을 강조하기도 하였다.[7] 심지어 1929년에는 중국인 노동자가 감소하여 제분업계가 큰 고통을 받고 있다고 보도할 정도였다.[8] 이와 같이 중국인 노동자의 급격한 유입으로 말미암아 일본인 자본들은 전가보도傳家寶刀인 양 조선 노동계를 압박하고 한국인 노동자의 노동조건을 열악하게 만들었다. 일본인 자본가에 대한 원성은 자연히 중국인 노동자로 옮아갔다. 이는 신문 기사에서 한국인 노동자가 일본인 노동자와 충돌하는 횟수보다는 중국인 노동자와 충돌하는 횟수가 많았다는 사실에서 추정할 수 있다.

한편, 조선총독부는 이러한 심각한 사회문제에 대해 애써 모른 척했다. 조선총독부는 화교가 일반 군郡에 거주하는 것은 거

한중 노동자가 충돌하다

절할 권리가 있으나[9] 경성이나 인천 같은 도시에서는 중국과 맺은 상호 조약 때문에 거절할 수 없다는 핑계만 늘어놓았다. 그러면서 일반 사업가와 기업가가 자발적으로 중국인 노동자를 사용치 않는 게 상책이라고 말했다.[10]

또 조선총독부는 양 민족 노동자가 갈등을 일으키는 이유를, 중국인 노동자는 소비가 적고 능률이 높은 데 반해 한국인 노동자는 소비가 많고 능률이 낮은 데서 찾았다. 그러면서 한국인 노동자들이 중국인 노동자에 대항할 수 있도록 능률성을 기를 것을 주문하였다.[11] 이러한 주문은 당시 한국인 노동자의 실상을 호도하여 일본인 자본가들의 이윤 추구를 옹호하는 주장이었다.

일본인 노동자와 한국인 노동자 간 소득 격차의 주된 원인은 민족별 노동력 차별에서 비롯된 것이었다. 그러나 한국인 노동자와 중국인 노동자 간의 실소득 격차는 거의 전적으로 1일 실생활비 격차에서 비롯되었다. 즉 한국인 노동자의 대다수는 가장으로서 가족을 부양하고 교육을 책임져야 하는 반면에 중국인 노동자는 단신으로 생활하는 까닭에 주거비 및 잡비가 한국인의 경우보다도 훨씬 낮았다.[12] 중국인 노동자가 벌어서 송금한 돈은 본국 가족들에게 큰 도움이 되었다. 중국, 만주의 물가가 조선 물가보다 낮았기 때문이다.[13]

한편, 당시 조선총독부와 일본인 자본가는 중국인 노동자의 유입을 억제하지 않고 이들을 고용함으로써 한국인 노동자의 임금을 하락시키고 노동운동을 효과적으로 제어할 수 있다고 판단했다. 이에 일제 당국은 한국인보다 중국인을 상대적으로 우대하였다. 예컨대 군산 화교 여건방이 선조들의 경험담을 들려주면서 당시 한국인과 중국인이 싸웠을 때 일본 순사들은 일방적으로 한국 사람들을 몇 대 때리고 조서 작성에 들어갔다고 증언하였다.[14]

그리하여 조선 지역 내부에서는 한국인 노동자와 중국인 노동자의 충돌이 빈번하게 일어났다. 이러한 충돌은 이미 1920년 이전부터 예견된 일이었다. 1918년에는 한국인 인부와 중국인 노동자 100명이 인천 만석굴제염소萬石堀製鹽所에서 충돌하였다.[15] 그리고 1921년 중국인 노동자의 유입이 많은 신의주 같은 곳에서는 한국인 노동자들이 지방회 총회를 열고 한국인 노동자를 본위로 고용해줄 것을 각 관청에 진정하였다.[16] 중국인 노동자에 대항하기 위해 조선노동협회를 조직하였으며,[17] 중국인 노동자가 입항할 때면 한국인 노동조합이 긴급 간사회를 열고 대책을 협의할 정도였다.[18] 한국인 노동자들은 자기들의 생계를 위협하는 중국인 노동자를 배척하는 운동을 벌였으며 심지어는 이들 간의 싸움이 패싸움으로 확대되어 매년 고질적으로 일어나는 '노동전勞動戰'이 되었다.[19]

이 가운데 가장 두드러진 곳은 중국인 노동자의 주요 입항지라 할 인천이었다. 1923년 8월 27일 인천 소재 자본금 30만 원의 가등정미소加藤精米所에서 근무하는 한국인 노동자 500여 명이 중국인 노동자 18명을 중국 대련大連에서 데려와 일을 시키는 가토 사장의 조치에 항의하며 동맹파업을 벌였다.[20] 가토 사장은 한국인 노동자 7명이 하는 일을 화교 3명이면 충분하고 임금도 한국인보다 싸다고 판단했던 것이다. 심지어 그는 한국인 노동자들에게 "너희들은 화교들보다 일을 못하고도 임금은 그들보다 더 비싸니 임금을 10전씩 깎을 것이다."라고 경고하면서도 이에 불만을 품은 한국인 노동자와 중국인 노동자의 충돌을 우려하여 양자의 접촉을 막았다.

마침내 한국인 노동자들은 "도저히 이같이 문명치 못한 공장에서는 사람노릇을 못하겠으니 단연코 취업을 하지 않는 것이 좋다."라고 하면서 오후 8시경 일제히 기계에서 손을 떼고 돌아가 버렸다. 이어서 8월 29일 이들 한국인 노동자가 동맹파업을 개시하고 회사 측과 교섭하면서 중국인 노동자의 추가 고용을 막아냈다. 이러한 일련의 과정은 당시 한국인 노동자들이 중국인 노동자들의 침투에 민감하게 반응하면서 적극적으로 막아내려 했음을 보여준다. 당시 《매일신보》는 이후 사태를 예의 주시하여 중국인 노동자와 분쟁하다가 옥살이한 한 철도 노동자의

〈**그림 6**〉 인천 가등정미소. 조선의 대표적인 정미소로 한국인 노동자와 중국인 노동자가 이곳에
서 함께 일했다.

석방 소식을 전하기도 하였다.[21] 이는 한국인 독자들의 관심이
그만큼 컸음을 보여준다.

《조선일보》 1925년 4월 3일자에서 지적하고 있듯이 당시 한국
인들은 이러한 충돌의 원인을 "중국노동자가 한국인 노동자의
불안한 생활에 더욱 타격을 주는 일"에서 찾으면서 이는 "민족적
감정에서가 아니라 생존권의 자위自衛"를 위한 충돌로 보았다.[22]
일제도 이러한 사태의 심각성을 인식하고 중국 노동자를 전체
노동자의 3분의 1 내에서 고용하거나 고용허가제를 실시하겠다
고 결정하였다.[23] 그러나 이는 일제의 미봉책에 지나지 않았다.
이후 한중 노동자 간의 갈등은 더욱 커져 갔다.[24]

마침내 그 갈등은 한중 민족 간의 살상으로 터지고 말았다.

한중 노동자가 충돌하다

1924년 3월 강원도 철원 수리조합에서 일하는 한국인 노동자들이 자신의 생활을 위협한다며 같은 수리조합에서 일하는 중국인 노동자의 집을 파괴하거나 난타하였다.[25] 이 역시 중국인 노동자들이 저렴한 임금을 받으면서도 열심히 작업하여 한국인 노동자의 불만을 초래한 것이었다. 이 사건으로 중국인 노동자 1명이 사망하고 그 밖의 노동자들이 중상을 입었으며 많은 집들이 파괴되었다.

한국인과 중국인 사이에 편싸움도 벌어졌다. 1927년 5월 15일 오후 5시경과 16일 밤 9시경에 중국인 밀집 지역인 장곡천정 부근에서 한국인과 중국인 수백 명이 곤봉과 단도로 무장한 채 싸운 것이다.[26] 자전거를 타고 지나가던 한국인이 경적을 여러 번 울렸으나 중국인이 비켜주지 않자 친 일이 발단이었다. 서로 시비가 붙다가 민족적 갈등으로 비화되었다. 당시 만주에서는 중국 군경이 한국 동포를 학대한다는 소식이 전해지고 있던 터였다.

이러한 현상은 노동자들 사이에서만 나타나지 않았다. 1927년 12월 재만주 한국 동포가 중국 관헌들에게 탄압·구축당하고 있다는 소식이 전해지자 전라북도 이리(오늘날 익산)에서는 시민대회를 열고 중국 상품 불매운동을 전개하였다.[27] 또 한국인과 화교 개개인 사이에서 일어난 사소한 다툼이 200명이 가담하는 민족 간의 대난투로 번지기도 하였다.[28] 이는 당시 한국인 일반 대중이 중국인 노동자를 비롯한 화교 전체를 대단히 부정적으로 인식하고 있음을 보여준다. 이는 '되놈'이라는 욕에서 단적으로 드러났다.[29]

이에 일제는 중국인 노동자의 입국을 제한하고자 하였다. 1927년 6월 조선총독부 보안과는 5월 이후 중국인 입국자의 이동과 취로 상태를 세밀하게 조사한 뒤 이를 근거로 단속 방침을 세울 것을 계획하였다.[30] 실제로 몇몇 곳에서는 허가 없이 노동하던 중국인 노동자를 단속하여 처벌하기도 하였다.[31] 또한 입국금지 조치가 도저히 실효를 거둘 수 없다는 판단 아래 자본가의 중국인 노동자 사용을 제한하고자 하였다.[32] 이러한 방안은 한국인 노동자의 불만을 무마하려는 고육지책이었다.

그러나 일제는 노동력 수급이나 자본가의 요구 등을 감안할 때 그 고용 범위와 인원수를 현재 이상으로 제한하기란 곤란하다는 견해를 피력하곤 하였다. 더욱이 민영사업의 경우에는 일제 당국의 손길이 미치기가 어려웠다. 1928년 평안남도 보안과장 이계한은 다음과 같이 변명만 늘어놓았다.

당국의 방침은 조선노동자의 삼분지일 이상을 쓰지 않도록 노력하여 관청의 일이 있으면 어떤 경우이든지 이 방침대로 나아갑니다마는 사실 개인 사업에 들어가서 자기네들의 이해타산을 하여 가지

한중 노동자가 충돌하다

고 그렇게 하는 것까지는 어떻게 할 도리가 없습니다.[33]

이러한 변명은 일제가 자본가들의 요구를 수용하고자 했음을 은폐하고 호도하는 발언에 불과하였다.

반면에 조선총독부는 일본 본국의 요청에 따라 한국인의 일본 도항을 적극 억제하였다. 1920년대 초반 일제하 지주제의 모순으로 농촌에서 밀려나거나 중국인 노동자의 증가로 직장을 잃은 다수 한국인 농민과 노동자들이 일자리를 구하기 위해 일본으로 들어가고자 했다. 그러나 일제는 본국 거주 일본인들의 일자리를 잠식할까 우려하여 온갖 규제책을 만들고 한국인들의 도항 제한 철폐 요구를 묵살하였다.[34] 이처럼 일제는 중국인 노동자의 조선 입국에 대해서는 소극적인 억제책으로 일관하는 가운데 한국인 노동자의 일본 입국에는 적극적인 억제책을 강구하였다. 일제의 이러한 이율배반적인 태도에 한국인 노동자는 물론 식자층도 분노하였다.[35]

조선총독부는 중국인 노동자 증가에 수수방관하는 태도와 달리 화교 상인들의 성장은 막고자 하였다. 중국 물건의 관세율을 높이거나[36] 대표적인 화교상회인 동순태를 운영하는 담걸생 일가를 조사하여 영업 행위를 위축시키기도 하였다.[37] 이처럼 조선총독부는 일본인 자본가와 경쟁하는 화교 상인은 억압하는 한편 한국인 노동계를 위기로 몰아넣는 중국인 노동자는 오히려 유입하도록 하였던 것이다. 반면에 일본 본국은 중일협약中日協約을 체결하고 국내 법령을 제정하여 중국인 노동자의 일본 유입을 제한하는 한편 이미 일본 국내에 들어와 있는 화교들을 구축하기 시작하였다.[38]

당시 《매일신보》를 비롯한 관제 언론이나 일본인 신문은 한국인과 중국인의 이러한 갈등 상황을 조장할뿐더러 중국인을 옹호하고 한국인을 비판하기까지 하였다. 《조선매일신문》은 중국인 노동자의 우수성과 저임금을 널리 알리면서 자본가들의 고용을 촉구하였다.[39] 《매일신보》는 중국인 노동자들의 저임금과 근면을 높이 평가하는 기사를 때때로 실었다.[40] 심지어 《경성일보》는 1929년 한국인 노동자의 원산총파업에 맞서 일본인 자본가들이 한국인 노동자를 전원 해고하고 대신에 중국인 노동자를 데리고 와서 하역을 시키고자 했음을 보도하면서 이를 말리는 한국인 노동자를 협박자로 몰아 보도하기도 하였다.[41]

또 《동아일보》 사설은 일반 기사 보도와 달리 1924년 8월 3일 "중국인의 특장"이라는 제하의 사설에서 이전의 문명개화론자와 달리 중국 사회를 찬양하면서 중국인이 중상주의를 숭상하고 생산적 노동자인 점을 강조하였다. 특히 조선에 들어온 중국인 노동자를 가리키며 한국인이 교훈으로 삼아야 할 것임을 다음과

한중 노동자가 충돌하다

같이 주장하고 있다.

> 그네들이 백지적수白地赤手(돈 한 푼 없이 맨손으로—필자 주)로 다만
> 노력을 자본으로 삼아 가지고 천하에 횡행함은 저 문명국의 저명한
> 예술가나 과학가보다 일층 더 조선인에게 대하여 의의 있는 활교훈
> 活教訓을 주지 아니하는가. 아아 조선인이 참으로 배울 것은 사회적
> 으로 견강한 중국인의 그 근검한 노력이다.[42]

이어서 《동아일보》는 1924년 9월 22일 "중국인의 직업 침탈"이
라는 제하의 사설에서는 중국인들이 조선에서 상당한 상권을 장
악하고 각 부문에 다수 종사한 결과 많은 금전이 중국으로 빠져
나가고 있음을 우려하는 가운데서도 다음과 같이 주장하고 있다.

> 경제상으로 피폐하고 쇠퇴하여 …… 그 원인이 무엇인가를 물
> 을 때에 논자는 반드시 그 책임을 당국자에게 돌리고 (정부의 적극적
> 인 보호를 받는—필자 주) 일본인에게 돌린다. …… (그러나—필자 주)
> 정부의 보호도 받지 아니하고 기타 하등의 우연적 조건도 없이 순
> 전히 신용과 근면으로 공평한 경쟁을 행하는 중국인들이 나날이 조
> 선 안에서 우리의 직업을 침탈하고 나날이 그 활동이 흥왕하는 것
> 을 보건대 우리 금일의 피폐가 순전히 외부적 원인에만 있는 것 같

지 아니하고 내부로 오인吾人의 성격이나 습속상에도 그 원인이 적지 아니하게 있는 듯하다. …… 우리는 금일 중국인의 성공을 들음에 제際하여 그 부러움을 마지 아는 동시에 우리의 결점을 지적하여 널리 동포의 반성을 구하고자 한다.

위 사설의 필자는 중국인의 직업 침탈을 초래한 외부적 조건, 즉 일제의 노동 정책과 저임금 고수 방침을 도외시하고 오로지 중국인의 신용 및 근면과 대비하여 한국인의 무신無信, 나태와 심지어 민족성의 결점에서 그 원인을 찾고 있다. 이는 이광수의 민족개조론에 바탕하여 부르주아들의 이상이라 할 노동의 복음과 자본주의적 신용을 강조하고 있는 셈이다.[43] 이때 근면과 신용은 자본가에게는 자본주의적 영리활동의 버팀목이고 노동자에게는 자본주의적 노동 규율의 스승이었다. 이러한 관점에서 한국인의 중국인 배척운동은 저임금으로 내리고자 하는 자본가들의 영리활동을 방해하고 노동 규율을 위반하는 나태로 비쳤을 것이다.

그 밖에 일부 잡지에서는 한국인과 화교의 융화를 담은 글이 실리기도 하였다. 《개벽》잡지의 박달성朴達成 같은 기자는 화교에 대한 멸시와 차별 분위기에도 어떤 한국인 과부가 평남 대동군 문수봉 탄광의 중국인 노동자를 구했던 미담을 소개하기도 하였다.[44] 또 경성에 사는 중국 상인들이 경상북도 기근 구제에 의연

금을 기부했음을 보도하기도 하였다.[45] 그러나 양 민족을 화해시키려는 이러한 시도는 극히 일부에 지나지 않았다.

이런 가운데 중국인 노동자들은 일본인 자본가에게 무조건 순응만 하지 않았다. 이들 노동자는 한국인 노동자와 더불어 저임금에 항의하며 동맹파업에 돌입하기도 하였다. 예컨대 1927년 4월 함북 명천군 함경선 제13공구 중국인 노동자 160명은 운반 토사土砂 평수坪數 계산을 시정할 것을 요구하며 5일간 파업을 벌였다.[46] 또 1928년 경성부 욱정 2정목 소재 이단옥세포소에서는 중국인 세탁 노동자가 한국인 세탁 노동자와 함께 단체협약권 획득을 위해 동맹파업에 들어가기도 하였다.[47] 또한 중국인 노동자가 다수 거주하는 신의주의 경우, 1930년 3월 7개 철공소에서 일하는 화공 100여 명이 작업 시간 10시간 제한을 요구하며 동맹파업을 단행하였다.[48] 나아가 만주사변 이후 1934년 10월 신의주 왕자제지공장에서 한국인 노동자들이 임금 인상을 요구하며 동맹파업에 들어가자 숙련노동자라 할 중국인 직공들도 여기에 가담하였다.[49]

이에 일본인 자본가들은 중국인 노동자의 저임금을 적극 활용하면서도 경계심을 늦추지 않았다. 국경도시인 신의주의 경우, 마적단의 습격에 중국인 노동자가 내응하지 않았나 의심하였으며 실제로 중국인 노동자가 내응하여 일본인 자본가를 경악케

<그림 7> 많은 중국인 노동자들이 고용되어 작업한 신의주 제지 공장.

했다.[50] 일본인 자본가로서는 중국인 노동자를 섣불리 고용했다가는 자칫 생명과 재산이 위험해질 수 있다는 두려움에 떨어야 했다. 그래서 저임금의 이점을 알면서도 '평소 의심스러운 중국 고력의 일소'를 당국에 요구하기도 했으며, 일부 자본가들은 직접 중국인 노동자를 해고하고 한국인 노동자로 대체하였다.[51]

일부 자본가는 비숙련 중국인 노동자가 기술을 연마하여 향후 중국인 자본가의 공장으로 갈 경우, 자신들의 위험한 경쟁자가 될 수 있다는 우려 때문에 중국인 노동자를 고용함에 신중을 기했다. 예컨대 중국인 솥 공장이 생기면서 일본으로부터 솥 유입이 중단되기까지 했다.[52] 일본인 공장에서 기술을 연마한 중국인

한중 노동자가 충돌하다

노동자들이 중국인 공장에 들어가 일하면서 저렴하게 생산했기 때문이다.

　그러나 이 같은 경우는 흔치 않았고 대다수 일본인 자본가들은 중국인 노동자의 저임금이라는 이점 때문에 한국인의 거듭된 고용 요구에도 불구하고 중국인 노동자를 대거 고용했다. 따라서 대부분의 신문은 중국인 노동자의 유입에 따른 한국인 노동자의 열악한 처지에 초점을 두면서 중국인 노동자의 직업 침탈을 우려하는 기사로 채워졌다. 《매일신보》도 만보산사건 직전에는 조선 노동계를 우려하는 기사를 선동적인 표현으로 게재하기도 하였다. 1930년 8월 18일자 보도에서는 "최근 중국의 동란으로 고력군 래항來港 점증 오월 한 달에 인천에 온 것만 무려 2700여 명―조선 노동 시장을 침략"이라는 제하의 기사를 실었다.[53] 또, 1930년 11월 14일자 보도에서는 "전조선의 중국 노동자 8만 명 다수 돌파 이들에게 뺏기는 노동량 막대 …… 사회적 중대한 문제"라는 제하의 기사를 싣거나 1930년 12월 8일자에서는 "중국 노동자 과동차過冬次 육속陸續 귀환 올적에는 빈손들고 왔섰으나 갈적엔 모두 대금大金 휴대"라는 제하의 기사를 싣기도 하였다.[54]

　한국인 매체일수록 비판 기사가 많이 실렸다. 《중외일보》도 1929년 10월 9일자에서 "제비와 같이 오고 가는 중국인 노동자군, 올 적에는 빈손으로 와서 갈 적에는 대금을 휴거"라는 제하

이주노동자, 그들은 우리에게 어떻게 다가왔나

의 기사를 게재하였다.[55] 이러한 보도 태도는 《조선일보》에서도 견지된 가운데 중국인 노동자의 유입에 따른 노동계의 위기와 한국인 노동자의 열악한 현실을 보도하면서 양자의 갈등을 증폭시키기도 하였다. 《조선일보》는 1927년 5월 6일자 보도에서 이 상황을 다음과 같이 보도하고 있다.

어늘날을 물론하고 각처로부터 모여드는 통신에 의지하면 살길이 없어 남부여대하고 혹은 일본으로 혹은 서간도로 몰려가는 동포들의 단체가 끊일 사이가 없는데 이 반면에 남의 흡반吸盤은 모두 조선으로 모여들어 영양분을 알뜰이 빨아가게 된다 함은 지금 새삼스럽게 말할 것도 없거니와 지난 사월 말일까지 경기도 경찰부 보안과 조사에 의하면 금번 중국의 동란으로 은갑이 저락됨을 따라 중국인 노동자는 모두 조선으로 밀려들어오게 되어 지난 삼월 말에는 인천에서 하륙한 자가 사천 여명에 달한다는데 그들의 소지품이라고는 담요데기 하나밖에는 아무것도 없으며 이전에는 남녀노유가 섞이어 왔는데 이즈음에는 동란에 밀려오는 사람들이라 모두 건장한 청년남자뿐이라는 바 금년 삼월까지의 통계와 작년 삼월까지의 통계를 비교하여 보면 금년에 칠천사백팔십칠명이 증가하였다 하며 이에 대하여 작년과 금년의 월계를 아래와 같더라. (……)[56]

한중 노동자가 충돌하다

이처럼 한국인들이 대부분 새로운 노동시장을 찾아 일본과 만주로 향하는 가운데 일본인 노동자와 중국인 노동자 등 국외의 노동력이 "조선으로 모여들어 영양분을 알뜰하게 빨아가게 된다."라고 생각하였다. 또《조선일보》는 만보산사건이 터지기 직전인 1930년 3월 25일자 사설 "중국노동군中國勞動群의 내습來襲"에서 "도시의 모든 건축 공사로부터 지방 수리조합의 토목 공사에 이르기까지 중국인이 점령하고 있다."라고 전하고 있다.[57] 특히《중외일보》도 이 시점에 일본 본국 정부의 긴축 재정 방침과 이에 따른 사업장의 축소로 많은 한국인 노동자들이 조선으로 귀환하는 가운데 중국인 노동자의 격증으로 인하여 임금이 폭락할 것을 우려하였다.[58]

이 점은 《동아일보》의 경우도 마찬가지였다. 《동아일보》는 1921년 6월 3일자 기사를 통해 이미 중국인 노동자의 유입으로 한국인 노동자의 임금이 하락할 것을 우려하는 한편[59] 일본에서 중국인 노동자의 일본 입국을 금지한 조치를 자주 보도하였다.[60] 또 1925년 1월 18일자 기사에서는 1924년 입국한 중국인 노동자가 4만여 명이며 이들이 '조선서 긁은 돈도 삼사백만원'이라고 보도하였다.[61] 이어서 2년도 채 안되어 1926년 10월 29일자 기사에서는 2만 7,000명의 중국인 노동자가 1년간에 800만 원을 가지고 나간다고 보도하였다.[62]

이러한 보도는 중국인 노동자의 수치상 정확하지 않는 소득 통계에 근거해 있음을 알 수 있다. 그러나 이것이 진실인 양 한국인 노동자와 일반인들에게 널리 알려졌을 것이다. 청국인을 조선 경제의 발전과 한국인의 경제 활동에 도움을 주기는커녕 오히려 발전을 방해하고 손해만 끼치는 '거머리'라고 본 대한제국기의 인상이 다시금 노동임금 국외유출론과 연계되어 부각되었던 것이다.[63]

국내 언론사의 이러한 보도는 중국인 노동자에 국한되지 않았다. 중국인 상인의 상권 장악에 대한 우려도 매우 컸다. 《동아일보》는 1929년 1월 9일자 기사에서 중국인 상점이 곳곳마다 없는 곳이 없으며 심지어 화교 포목점은 시골 읍내 상권을 장악하였으며 호떡집은 어디에나 있다고 보도하고 있다.[64] 나아가 중국인 기업가들이 철공업, 직물업, 양말업, 직조업, 목공업, 제유업製油業 등에 침투하였으며 심지어 평안북도의 어업권도 장악했다고 우려하였다. 그리하여 중국인의 증가가 박테리아 같아서 만일 중국인 배후에 정치적 세력이 달린다면 국제적 문제가 될 것이라 전망할 정도였다.

이러한 우려는 중국인에 대한 한국인의 감정적인 질시에서 비롯된 것만은 아니었다. 실제 중국인들은 상인은 물론 노동자들도 한국인 상인과 노동자들보다 훨씬 많은 자산을 보유하기에

한중 노동자가 충돌하다

이르렀다. 중국인 노동자가 가장 많이 모여 있는 국경도시 신의
주의 경우, 중국인 상인과 노동자의 경제적 성장은 괄목할 만하
였다.[65] 〈표 11〉은 1920년대 중국인의 경제적 성장을 여타 민족의
경우와 비교하여 간접적으로 보여주는 민족별 조세 부담액 현황
이다.

민족별 조세 부담액을 통해 중국인의 경제력이 일본인의 경
제력에 비할 수는 없지만 한국인의 경제력을 넘어섰음을 추론할
수 있다. 민족별 이러한 격차는 매년 벌어졌다. 중국인 1인당 조
세부담액에 대한 한국인 1인당 조세부담액의 비율이 1920년에는
1.13 : 1이었는데 1929년에는 1.35 : 1로 그 격차가 늘었다. 따라서
당시 신의주 한국인들은 이러한 격차에 대해 "유감遺憾 중에 유감
이라 아니할 수 없다."라고 표현하였다.[66] 당시 신의주부 한국인
들이 화상은 물론 중국인 노동자들의 경제 침투를 매우 경계하

〈표 11〉 1920년대 신의주부 민족별 1인당 조세 부담액

단위 : 원

연도 민족별	1920	1925	1929
한국인	1,329	1,703	1,988
일본인	18,956	15,199	21,126
중국인	1,490	2,104	2,690

출전 : 張晟栻, 『신의주대관』, 문화당, 1931, 154~156쪽.
비고 : 조세에는 국세, 지방세, 부세, 학교비 등이 포함됨.

이주노동자, 그들은 우리에게 어떻게 다가왔나

고 있음을 보여준다. 이러한 사정은 양말 제조업계, 이발업계와 무쇠 제조업계 등도 예외가 아니었다. 이들 업계는 중국인들이 석권하다시피 하였다.[67]

그런 가운데 1927년 7월 중국인 이발사가 머리를 깎으러 온 한국인 손님의 코를 베어버리자 신의주 전체가 격분하여 궐기하였다.[68] 이때 신의주 한국인 주민들은 '중국인 만행대책강구회'를 조직하여 실력 행사에 들어갔다. 또한 신의주 주민들은 신의주 노상공문제연구회新義州勞商工問題研究會를 조직하여 중국인 무제한 입국 문제, 조선관업朝鮮官業 노동문제, 중국인 사용 문제 등을 연구하기로 하였다. 그만큼 중국인들의 경제적 성장은 한국인들의 위기감을 가중시켰던 것이다.

그런데 반중국인 정서를 자극하는 이러한 보도는 특정 계층이 아닌 한국인 일반의 중국인 노동자 배척 의식을 반영하고 있다. 다음과 같은 투고기사는 한국인 대중의 재조 화교 인식을 잘 보여준다.[69]

중국상인에 견사(見欺)치 말라를 읽고

1월 30일부 본란 기사는 여의 절실히 동감하는 바라. …… 전자(일본인)에 대한 논의는 고사하고 후자즉 시시각각으로 학갈涸渴하야가는 우리 경제상태로서는 결코 경경輕輕히 간과키 난難하도다.

한중 노동자가 충돌하다

…… 실은 물품이 호好하고 가격의 염廉한 것도 아니라 관세개정의 결과 중국산 포목의 수입이 불능하다 하야 일본산의 염가물廉價物을 매입하여 중국의 상상품上上品이라 하야 심지어 우리 평양등지의 양말까지도 어언간於焉間에 피들의 전매상품이 되고 말엇도다. 상인뿐 아니라 중국인 노동자, 농부들은 일사천리의 세로 조선인의 경제생활을 침범하는도다. …… 오호라. 우리의 경제생활에는 내외부의 이대 기생충이 유有하니 외부의 기생충은 다시 말할 것도 업거니와 내부의 기생충이 점차로 잠식하여 우리 고혈을 고갈케 하니 동포여 자각하고 반성할지어다.[70]

이처럼 한국인 대중은 중국인 상인, 노동자, 농민들의 경제 침투를 매우 심각하게 인식하며 그들을 '기생충'이라고 규정하였다.

또한 신문들과 잡지들이 매체의 민족별 속성과 상관없이 화교에 대한 한국인 대중의 부정적 인식에 부응하여 이른바 황색 언론 보도로 독자를 확보하고자 하였다.[71] 즉 대다수 대중매체들이 인간의 불건전한 감정을 자극하는 범죄라든가 괴기사건, 성적 추문들을 과대하게 취재 보도하여 대중의 눈과 귀를 잡으려는 황색 저널리즘의 방식으로 중국인을 아편, 인신매매와 연결시켜 보도하거나 기사화함으로써 자사 매체에 대한 독자들의 구독률을 높이고자 하였다. 결국 이러한 보도 태도는 중국인에 대한 부정적 이미지의 확산으로 귀결되었다.

우선 이러한 매체들은 한국인 대중이 '아편', '성매매범' 하면 중국인을 떠올리고, '중국인' 하면 아편과 성매매범을 떠올리도록 보도하였다.[72] 또한 이런 문제를 중국인 집단 거주 장소와 연결시켜 그 장소를 부정적인 이미지로 도배하였다. 당시 조선의 대표적인 잡지라 할 《별건곤別乾坤》이 1931년 만보산사건이 터지기 직전 경성의 곳곳을 소개하는 기사를 내보냈다. 경성부에서 화교 노동자가 많이 거주하는 서소문정을 비롯하여 여러 중국인촌을 비밀리에 잠입하여 취재한 끝에 다음과 같은 내용이 실렸다.

중국촌-태평통에서 서소문으로 통한 이 길은 예전이면 행상行裳이 다니는 길이엿던 것이 지금은 중국 사람의 거류지처럼 되야 태평통 길 건너의 공회당 뒷골목까지 건너 걸처서 들창도 업는 벽돌집이 우중충하게 느러 잇는 까닭에 호인胡人 냄새라니. 지나가는 행인의 비위가 거슬니는대 오후에는 아편 태는 냄새까지 어울녀 난다네. 조선 사람을 고시란히 망亡케하는 아편굴이 여긔 잇고 나어린 소녀를 훔처오면 7원이나 10원 주고 사서 인천 거처 중국으로 보내는 무역상들도 이 동리에 만흐니 말하면 무서운 마굴이라네.[73]

중국인촌

조선에 와 잇는 외국인으로는 지나인이 뎨일 만흔 것은 더 말할 것 업는 사실이다. 어느 나라를 가든지 근검하고 저축 만히 하는 민족으로 그야말노 세평이 놉흔 지나인이다. 이들이 요 좁은 조선 구차한 조선 돈을 얼마나 가저가느냐 하는 것은 참으로 상상밧게 큰 액수이다. 아가워 콩사탕 호떡 야채 요리점 포목점 다시 떠러저서 삼동주행상 파리채 석쇠장사 돌쟁이石工 댐쟁이 이외에도 여러가지 그들은 안이 하는 것이 업시 산골로 드러가서 밧고랑을 갈고 십전을 벌면 이전을 넘기지 안코 하로에 생활비로 쓰고 그 남어지는 주머니에 감추어 두는 것이다. 이들은 조선 사람의 주머니를 글거가는 민족 중에 하나이다. 더구나 일은 업고 노동자는 만허 먹고 살수 업는 사람이 만허지는 것도 이 지나인 노동자가 남의 반갑에라도 종일 근실하게 일을 하는 까닭에 왼만한 공사나 일터에는 반이상 그러치 안으면 전부가 지나인 노동자인 것을 볼 수 잇다. 이런 까닭에 조선 사람 노동자가 점점 사러갈 수가 업게 되는 것이다.

서울에 현주하는 근 오천명이나 되는 그들은 구석구석이 안 끼여 사는 곳이 업고 의레히 호떡가라도 버려 놋코 잇지 그대로 잇는 사람이 업다. 그러나 서울의 지나인촌이라면 그중 만키로는 서소문정이요 다음에는 관수동이 될 것이다. 또는 장곡천정 근처의 뒤ㅅ골목일 것이다.

이주노동자, 그들은 우리에게 어떻게 다가왔나

그들의 거리를 드러스면 건물부터, 근처의 공기부터가 지나 냄새가 나고 첫대파와 마눌 냄새가 우리네의 코를 쿡 찌르는 것이나 모든 것이 과연 지나 냄새가 떠돈다.

(중략)

지나 사람들은 아편을 담배 먹듯 한다는 말을 드러서 그러한지 그들의 얼골을 볼제 누릇누릇한 것이 모도 다 아편쟁이 갓기도 하다. 그 중에도 서소문뎡 거리를 지내면 허릴업시 그들의 번국 어느 하층 사회를 거러가는 감이 잇다. 그들의 집에를 드러가면 나올 길을 못 차저 나올 것도 가티 생각이 든다. 서소문뎡은 아편굴이 만키로 서울서 독특한 곳이니만치 석양때나 밤늣게 혹은 새벽녁에 헌털뱅이 입은 걸인이나 아래 우를 말ㅅ숙하게 휘감은 사람 툭별히 얼골이 누르고 목허리 굽은 사람들이 왕래를 흘끔흘끔 살펴보며 우중충한 녑골목으로 드러스는 것을 보면 그것이 모도 아편쟁이에 틀님이 업다. 지나인의 밀매음녀도 잇는 듯하다. 아모리 지나인의 원풍속을 모른다 해도 피ㅅ기운업는 얼골에 어듸로 보든지 음탕한 포-스를 하고 희미한 뎐등빗에 우울한 표정, 유혹뎍 표정을 하고 잇는 것을 보면 별수 업는 매음녀다. 거리에 나서서 외입쟁이 낙시질을 하는 것도 갓다. 무엇에서 무엇까지 그들의 거리는 음침하고 충중하고 마굴과도 가튼 기분이 돌고 그들의 말소리나 음흉한 음성은 어듸로 보든지 음모뎍 민족이다. 그들의 생활을 지면으로 이와 가튼

한중 노동자가 충돌하다

것만을 보고서는 말을 할 수가 업스나 그들의 집안 어느 구석이고 눈에 띄이지 안는 곳에는 꽁꽁 뭉친 지전이 박혀 잇슬 것이다. 이것을 보면 것만은 화려하게 꿈여놋코 돈푼 생겻슬 적에 사노앗든 철궤속에는 뎐당표만 수두룩하게 담긴 조선 사람의 그것만은 안과 밧게 차이라 할 수 잇다.[74]

이제 중국인촌은 경제적으로는 조선에서 돈을 닥치는 대로 긁어모으고 한국인 노동자의 일자리를 빼앗는 가운데, 사회윤리적으로는 마약에 중독되고 인신매매를 행하며 살아가는 '음모적 민족'의 '마굴魔窟'로 비쳤다. 그리하여 이곳은 경성의 다섯 마굴 중 하나인 '흡혈귀의 아편굴'로 호명되었다.[75] 또한 청요리집 역시 아편 매매와 인신매매의 온상으로 단정하고 보도하였다.[76] 심지어는 "호떡장사는 부업 아편밀매가 주업"이라고 보도하기도 하였다.[77]

특히 약물중독의 일종인 아편중독은 명백히 의학적 치료를 요하는 질병임에도 아편중독자를 나환자, 결핵환자와 더불어 사회로부터 격리, 배제시켜야 할 존재로 취급하였다. '아편쟁이'라는 용어에서 볼 수 있듯이 그들을 도덕적으로 타락하거나 범죄자로 전락하여 삶을 탕진한 존재 또는 사망 신고를 받은 존재로 여겼는데 그 대상은 조선의 화교였다. 실제로는 한국인들이 만주로

이주노동자, 그들은 우리에게 어떻게 다가왔나

아편을 공급하는 경우가 많았으며 일본인 거상들이 모르핀을 제조하여 조선 국내로 들어왔다.[78] 이들은 경찰 취조를 받게 되면 중국인에게서 매수한 것이라고 책임을 돌리고 벌금 또는 체형을 받았다.[79] 이런 까닭에 조선의 화교들은 실상과 달리 아편쟁이로 인식되었던 것이다. 당시《별건곤》을 비롯한 여러 잡지에서 모르핀이 성적 기능에 확실한 효과가 있다는 기사를 게재하였는데[80] 아편에 대한 또 다른 잣대 중 도덕적 타락상을 조선 화교에만 적용하는 형태로 부정적인 인식을 표출하였다.

또 화교 일반의 비윤리성과 야만성을 보도하는 기사들도 보인다.《조선일보》는 1924년 5월 31일자에서 평남 강서군 수리 공사장에서 일하는 중국인 노동자가 한국인 유부녀와 여학생에게 행패를 부린 사건을 보도하였다.[81] 1927년 7월 29일자 기사에서는 "더욱더 심해지는 중국인 행패 조선인을 또 합력 난타─피해자 현장에서 기절, 맥주병으로 수십명 중국인이 폭행, 가해 중국인은 인력거로 행차, 피해자는 경관이 잡어가 술에 취했다고 일반은 비난 무능한 파출소원"라는 제하의 글로 대서특필하였다.[82]

나아가 일부 잡지는 병자호란 시기의 일화를 끌어와 윤리적인 문제로 비약시킴으로써 한국인과 화교 간의 갈등을 부추겼다.《별건곤》은 1928년 5월호에서 "동서무비東西無比 조선인정朝鮮人情 미담집美談集─병자호란 때 니러난 향촌의 조그만 사실, 효열미

담孝烈美談 아산가상牙山街上의 일사체—死體"를 실어 병자호란 당시 이른바 되놈들로부터 가문과 정조를 지키려 했던 어느 부인의 억울한 죽음을 장황하게 소개하였다.[83] 이는 일반 대중의 원초적 민족 정서와 윤리적 감성을 자극하였을 것이다.

물론 이처럼 부정적인 기사들만 있지는 않았다. 만보산사건 직전인 1931년 2월 13자《동아일보》는 강원도 통천군 철로공사의 중단으로 곤경에 처한 중국인 노동자를 그 지방 유지들이 구제하는 미담을 소개하기도 하였다.[84] 그러나 경제적인 갈등이 이러한 미담을 덮어버렸다. 예컨대 일제가 1930년대 경제대공황의 위기를 극복하기 위해 한국인 빈민을 구제한다는 명분으로 궁민구제사업을 벌였다. 그런데 당시 신문에서는 궁민구제사업 참가자 중에 중국인이 한국인보다 많다는 점을 꼬집어 "총독부에서 야단법석을 한 것은 중국궁민을 말한 것이로군."이라는 힐난성 기사를 실은 사실이 이를 잘 보여준다.[85] 당시 일제는 궁민구제사업의 취지마저 망각한 듯 사업 경비를 줄이기 위해 중국인 노동자를 대거 고용하였기 때문이다.

신문과 잡지가 만들어낸 재조 화교에 대한 이러한 이미지는 대중에게 다시 투사되어 한국인의 인식에 영향을 미쳤다. 만보산사건 직전 시기에 한국인 대중은 경제적 갈등을 넘어서서 이러한 선정주의로 말미암은 윤리적 정서 속에서 중국인들을 바라

보았다. 그리고 재조 화교들을 제거하고 쫓아내야 할 사회의 기생충이자 범죄자로 여겼다. 1931년 만보산사건 소식이 전해지기까지 한국인 대중은 이런 분위기 속에서 중국인들을 바라보았던 것이다.

2

1931년 화교배척사건과
일제 당국 및
한국인 식자층의 동향

1927년 12월 3일 《동아일보》에 "길림성 쌍양현 부근에서 한국동포 9가구 40여 명이, 경찰에 협박당한 중국인들에게 강제로 쫓겨나서 방황한다."라는 기사가 보도되었다. 사연인즉 일본이 1925년 한국인의 독립운동을 막기 위해 중국 군벌 장작림張作霖과 맺은 미쓰야협정三矢協定에 근거하여 중국 당국에 독립군 단속을 요청하였고 이 과정에서 다수의 재만 동포들이 중국 관헌에 협박을 받은 지주에 의해 소작지에서 내쫓겼던 것이다.[86]

그동안 조선 내 화교에 대한 불만이 쌓이던 터에 중·일 간의 비밀 협정을 알지 못하는 조선 내 한국인들은 중국인을 향한 불만을 더욱 드러냈다.[87] 그리고 만주 동포에 대한 탄압에 맞서 대책을 강구하는 데 진력하였다.

우선 국내 한국인들은 각 지역 사회단체들을 중심으로 각각 협의회를 만들어 시위운동과 중국 상품 불매운동을 전개했다. 그러나 대책을 강구하고자 하는 취지와 달리 일부 지역에서는 화교를 배척하는 폭동 사건이 일어나, 이리를 시작으로 군산, 함열, 장성, 공주 등으로 확산되었다.[88] 이리의 경우, 내국인 500~600여 명이 화교들을 압박하고 건물을 훼손하였다. 심지어 화교를 구타하였으며 상점 16개를 훼손하였다. 그 결과 1명이 사망에 이르렀으며 상인 30여 명, 공인ㅗㅅ 100여 명이 인천으로 도망했다. 화교 공격에 참가한 한국인들 중에는 노동자들도 상당하였다. 김제의 경우, 가담자 2,000명 중에서 공인이 400여 명에 이르렀다. 그 밖에 정산, 황등, 금산, 연산, 옥천, 논산 등지로 화교배척사건이 확산되었다.

각 지역 협의회에서는 조선교육협회에 모여 '재만동포옹호동맹'을 결성하였다. 이 단체는 성명서를 발표하고 조사위원을 만주로 파견할 것과 중국 관헌과의 교섭, 전국적 일치 운동을 할 것을 결의하는 한편, 화교들의 생명과 재산에 해를 가하는 행동을 저지해줄 것을 호소했다. 또한 신간회 본부 총무간사회의에서도 재만 동포를 위한 옹호동맹을 적극 후원할 것과 민족감정으로 한국에 거주하고 있는 화교들에게 보복조치를 해서는 안 된다는 내용을 결의했다.

한중 노동자가 충돌하다

한편, 화교총상회도 중국 관헌의 재만 한국인 탄압을 비판하면서 한국의 각 신문사를 방문하여 한국인의 감정을 안정시키려고 하였다.[89] 나아가 중국영사관을 통해 중국에서 일어난 일에 대하여 진상 규명을 촉구하기도 하였다.[90] 당시 총상회의 이러한 노력은 한국의 여론으로부터 동정심을 이끌어내 긍정적인 방향으로 흘러갔다.

이처럼 재만동포옹호동맹과 재조 화교들의 노력으로 만주에서 한인들에 대한 구축은 일단 완화되었고, 국내에서 화교배척 사건도 마무리되었다. 그러나 이러한 사태 수습은 미봉책에 불과하였다. 당시 고력을 비롯한 중국인 노동자들이 끊임없이 입국하고 있었던 데다가 한국인 노동자와의 갈등이 좀처럼 수그러들지 않았기 때문이다.

1931년 7월 1일 만보산사건이 터지자 갈등은 다시 수면 위로 올라왔다. 직접적인 계기는 《조선일보》가 1931년 7월 2일 호외 기사 "중국 관민 8백 명 습격 다수 동포 위급 장춘 삼성보 문제 중대화 일 주둔군 출동"이었다.[91] 호외가 배달된 지 1시간 뒤인 7월 3일 오전 1시 10분 인천부 용강정의 중화요리점이 한국인 5명에게 습격을 당했다. 이어서 오전 2시경에는 율목리, 중정, 외리의 화교 경영 중화요리점 및 이발소가 한국인에게 잇달아 습격당했다.[92] 3일 서울은 종로에서 시작해 서대문, 중구 등 시 전역

〈그림 8〉 만보산사건의 배경이 된 이통강의 관개수로.

으로 확산되었다. 4일에는 평양과 개성 등지에서 폭력사건이 발
생하였다. 그 밖에 부천, 진남포, 대동, 선천, 원산, 해주, 대전,
군산, 부산 등지에서도 화교 습격사건이 일어났다. 결과 보고서
에 따라 조금씩 다르지만 중국 측 자료에 따르면 화교 142명이
살해되고 546명이 부상하고 91명이 행방불명되는 참사가 벌어졌
다.[93] 재산 손실은 4억 원이었다. 〈표 12〉는 국제연맹 조사위원회
에 참가한 중국 대표 고유균顧維鈞이 1932년에 제출한 화교배척폭
동 시 화교 사상자와 재산 손실 상황이다.

　중국인 노동자들이 가장 많이 거주하는 평안도의 중심 도시

한중 노동자가 충돌하다

〈표 12〉 조선인의 화교배척폭동 시(1931년 7월) 화교 사상자와 재산 손실

발생 지방	일시	사망자 수	부상자 수	실종자 수	재산 손실 (일본화폐로 환산)	각 영사관 수용인 수
평양	7월 5일 오후 7시	133명	289명 (중상 74명)	72명	2,545,888.57	1,000명 5,000명 (의대에 수용)
진남포	7월 6일 오후 2시		19명 (중상 1명)		117,757.56	
인천	7월 3일 오후 2시	2명	22명 (중상 2명)		653,752.32	3,600명
경성	7월 3, 4일 오후 10시		146명 (중상 6명)		644,124.59	3,600명
부산	7월 8일 오후 9시		2명 (중상)		14,791.41	160명
원산	7월 4일 한밤중	5명	*26명 (중상)	19명	138,515.40	2,300명
신의주	7월 7일	2명	*42명 (중상 9명)		48,263.22	1,200명
총계		142명	546명	91명	4,163,103.07	16,860명

출전 : 중화민국국민정부외교부 편, 『중일문제의 진상 : 국제연맹조사단에 참여한 중국 대
표가 제출한 29가지 진술(1932년 4월 ~8월)』, 박선영 옮김, 동북아역사재단, 2009,
211~212쪽.
비고 : * 표 숫자는 근처에서 피해당한 교민을 포함한 것임.

평양에서 화교들의 인명 피해와 재산 손실이 가장 컸다. 화교배
척폭동이 인천에서 제일 먼저 일어났지만 타 지역보다 피해가
적었다. 폭동이 전국적으로 확산되는 과정에서 절정에 달했으며

평양이 그 중심에 있었던 것이다.

화교들은 가족과 친지들이 눈앞에서 맞아 죽는 참상을 목격하면서 부서진 집과 상점을 버리고 중국영사관 등지로 피신해야 했다. 일부는 한국인들의 공격을 피해 특정 상점으로 모였다. 당시 화교들은 생존하기 위해 피난소를 만들기도 하였다.[94] 피난소에 수용된 난민이 서울에서만 4,000여 명, 평양에서는 5,500여 명이나 되었다.

또한 많은 화교들이 대거 귀국하였다. 이들 중에는 여러 화교들이 공동 투자하여 운영한 인천의 중화루 동업자 정연독張延讀도 있었다.[95] 그는 만보산사건과 화교배척사건이 일어나자 중국으로 급거 귀국하였다. 따라서 외상 거래가 두절되는 것은 당연하였다. 이는 신용 거래가 주요 수단이었던 화교들에게는 커다란 타격이었다. 심지어 화교들 간에도 외상 거래가 어려웠다. 화교들은 신변에 불안에 느껴 상점들을 싼 가격으로 일본인이나 한국인들에게 팔아버리기도 하였다. 그 결과 화교들이 취급하였던 무역 품목의 수입액도 감소하였다. 대표적으로 고급 면제품인 금건시트의 경우, 1927년에 비해 1935년에는 수입액이 반으로 급감하였다.[96]

그런데 만보산사건 보도는 명백한 오보였다. 실제 만보산사건은 만주에 이주한 한국인 농민들이 벼농사를 짓기 위해 이통강伊

通河] 지역을 관통하는 수로를 파다가 중국인 농민과 갈등을 빚는 과정에서 중국 관헌과 일본영사관 경찰이 개입하여 총격까지 벌어진 우발적 사태이다. 밭농사를 짓던 중국인 농민들은 한국인의 수로 건설에 따른 농지 침해를 우려하여 수로 시설을 매몰하려 하였고 중국인 관헌들은 이중 국적을 지닌 한국인들의 토지 보유를 일제의 토지 침탈로 여기고 한국인들을 억압하던 터여서 이와 비슷한 사건들이 종종 일어났다. 만보산에서도 한국인 농민과 중국인 농민이 농지 수로 문제로 충돌하였으나 인명 피해로 이어지지는 않았다.

그런데 만주 침략의 구실을 찾고 있던 일본 관동군은 이 사건을 이용하기로 했다. 그리하여 장춘 영사관에 지령을 내려 많은 한국 농민이 피해를 입은 것처럼 조선에 보도되도록 하였다. 일본영사관에서는 조선일보 장춘지국장인 김이삼金利三을 매수하여 허위 정보를 조선일보 본사에 송전하도록 하였다.[97]

조선일보사는 김이삼의 말을 의심하지 않고 호외로 발표했다. 그동안 김이삼이 전송한 내용이 정확하고 신속했다는 점과 중국 현지에서 한중 농민 간의 충돌이 자주 일어났다는 점을 감안했던 것이다. 이후 조선일보 김이삼 기자는 7월 14일 《길장일보 吉長日報》에 성명을 발표해 뉴스를 날조한 사실을 인정했다. 일본은 자신들의 음모가 폭로되는 등 불리한 처지가 되자 김 기자의 입을 틀어막기 위해 한국인 살인 청부업자를 고용해 7월 15일 김 기자를 살해했다.

한편, 일제의 어용신문인 《매일신보》도 만보산사건 경위를 허위 보도하였다. 7월 4일자에 게재된 기사 제목이 "중국 폭민 500여 명 만보산 조선인 촌락 엄습, 배후에는 관헌 원조도 있어 사태는 중대하며 일본 경관도 급파, 중국관헌의 발포 동포약간명 부상 영사관 경찰만으로는 해결불능 일반은 출병을 요망"이었다. 이는 허위 보도를 넘어 한국인의 생명과 재산을 구실로 일본군의 만주 침략을 요구하는 내용이나 다름없다.

그럼에도 이러한 오보 사실과 사건의 진상은 훗날에 밝혀진 것으로 당장 이런 오보에 따른 부작용은 매우 컸다. 당시 화교배척폭동에 가담했던 대다수 한국인은 습격 동기로 "조선 농민이 다수 살상"되었다는 《조선일보》의 호외를 읽었거나 그러한 내용을 전해 들었음을 언급하였다. 당시 재판에 부쳐진 이삼복李三福이 신문조서에서 다음과 같이 밝히고 있다.

문 : 수입은 어떤가

답 : 나는 작년 2월부터 인천 빈정濱町 축지築地 활판소의 직공으로 일급 75전을 받고 있다.

문 : 그대는 북만주 만보산에서의 조선인과 중국인의 충돌사건을

알고 있는가.

답 : 듣는 동시에 타향에 있는 동포가 폭행학대를 받은 데 대하여 분개하고, 인천에 있는 중국인에 대하여 적개심이 일어나서 볼 때마다 증오심이 일어났다. 그래서 금년 7월 5일 저녁을 먹고 오후 7시경에 자택을 출발하여 볼 일이 있어 부내 도산정桃山町 쪽으로 갔다가 귀로에 금곡리 쪽으로 돌아오는데, 금곡리 중국인 호떡집 연규산連奎山 앞길에 2·300명의 군중이 치열하게 투석하고 있었다. 그중에 송림리에 사는 성냥회사의 직공으로 있는 문원배를 만났는데, 그때 문원배는 나에게 군중과 함께 그 중국인 호떡집에 투석하라고 했다. 그래서 문원배의 말대로 연규산 호떡집 문을 향하여 5·6회 투석을 했다.

(중략)

문 : 그때 경찰의 해산명령을 받은 일은 없는가.

답 : 그때 경찰관은 전연 보이지 않았으므로 모른다.[98]

이삼복 역시 《조선일보》 호외 소식을 전해 듣고 화교배척폭동에 가담한 것으로 보인다. 위 진술은 가담자 대다수에게서 확인할 수 있다. 그런데 진술 중에서 그가 "인천에 있는 중국인에 대해서 적개심이 일어나 볼 때마다 증오심이 일어났다"라는 점을 주목할 필요가 있다. 투석을 유도한 노동자는 성냥회사에 근

〈그림 9〉 만보산사건 이후 평양 시민들에게 약탈, 방화되어 파괴된 중국인 상점들.

무하는 한국인 직공이었다. 이들 노동자는 가등정미소의 한국인 노동자들이 임금 인상과 노동시간 단축과 함께 중국인 노동자 수의 감축을 요구하는 노동쟁의를 옆에서 늘 보아온 노동자들이었다.

다음, 사건 발생 지역을 보면 폭동은 주로 중국과 인접 지역인 북부 지방에서 집중적으로 일어났다. 조선총독부 경무국 비밀문서를 분석한 정병욱의 연구에 따르면 총 1,991건 중 평남 1,002건(50.3퍼센트), 경기 365건(18.3퍼센트), 황해 158건(7.9퍼센트), 평북 151건(7.6퍼센트) 순으로 많다. 이 가운데 황해도, 평안도, 함경도

한중 노동자가 충돌하다

등 북부 지방의 발생 비율이 무려 70퍼센트에 육박하였다.[99] 특히 이 지방에서 발생한 중국인 인적 피해자가 전국 단위의 피해자에서 차지하는 비율이 85퍼센트를 넘어섰다. 이는 다수의 중국인을 공격한 한국인들이 주로 북부 지방에 거주하고 있었음을 보여준다.

아울러 유죄가 확정된 한국인 984명의 직업을 보면 농업 종사자나 농촌 거주자보다 공업 종사자나 도시 거주자가 많았다. 즉 이들 한국인의 직업은 상업 30.3퍼센트, 기타 유업 20.4퍼센트, 공업 20.2퍼센트, 농업 16.6퍼센트, 광업 6.3퍼센트 순으로 구성되어 있다.[100] 당시 인구 중에서 농업 종사자 비중이 80.6퍼센트, 공업 종사자가 5.6퍼센트, 상업 종사자가 5.1퍼센트, 기타 유업자가 4.0퍼센트임을 감안할 때, 폭동 가해자 중에는 유독 공업 종사자와 상업 종사자의 비율이 높은 셈이다. 특히 공업 종사자 중에는 각종 직공(양복 직공, 양말 직공, 시멘트회사 직공, 대공, 토공, 철공직) 등이 상당수를 차지했다.[101] 광업의 경우, 갱부가 적지 않았고 그 밖에 기타 막일 노동자 등도 꽤 있었다. 인천의 경우, 이들 대다수 가해자는 0.60~1.00원의 일당을 받는 임금노동자로 하루 벌어 하루 살아가는 빈곤한 하류층이었다.

이처럼 한국인 노동자들이 화교 공격에 적극적으로 가담하였다는 사실은 일자리를 둘러싸고 한국인 노동자들이 중국인 노동자와 갈등을 빚고 있었음을 보여준다. 한국인 노동자들에게 중국인 노동자는 자기들의 일자리를 빼앗는 존재로 비쳤던 것이다. 어떤 이들은 인천에서 중국인을 공격하게 되면 만주 동포들이 더 많은 보복을 당할 것이라 우려하기도 하였다. 군중심리에 휩쓸려 가담한 피의자들도 적지 않았을 것이다. 그러나 참여자의 주된 계층이 평소에 중국인 노동자의 국내 침투에 불만이 컸던 노동자들이었다는 점에서 우발적인 감정이나 군중심리라기보다는 일자리를 둘러싸고 전개된, 중국인 노동자와의 오래된 갈등에서 비롯되었다고 하겠다.

화교배척사건 당시 조선총독부 주요 수뇌들이 인사이동으로 조기에 문제를 수습하지 못했을뿐더러 수뇌들조차도 중국인의 피해를 의도적으로 방조하기까지 한 행태가 사태를 키우는 요인이 되었다. 1931년 조선총독부 경무국 보안과장이었던 다나카 다케오田中武雄가 "조선인을 괴롭혔으니 뭐 중국인이 조금 당해도 이는 자업자득 아닌가" 하고 생각해 단속을 늦췄다는 증언은 유명하다.[102] 살인이 가장 많이 일어난 평양 지역의 경우, 폭동이 격렬해진 7월 5일 밤 치안 책임자들이 태평하게 연회를 즐겼음이 밝혀졌다. 즉 일제 당국은 만주 문제를 둘러싸고 한국인과 중국인의 갈등이 심화되어야 자신들에게 유리하다고 인식하고 있었다. 그러던 차에 한국인의 화교배척사건이 일어나자 양 민족의

한중 노동자가 충돌하다

갈등을 방조하였던 것이다.[103] 그리하여 서울 주재 중국총영사 장유성張維城이 7월 16일 조선총독부 정무총감을 방문하여 평양의 치안당국이 폭동을 좌시했다고 항의했다.[104]

심지어 일제 경찰은 한국인 군중을 선동하기도 하였다.[105] 인천, 평양 등지의 경우, 일본인 경찰이 화교배척폭동을 지휘하였다. 당시 화교의 증언에 따르면 중국인 습격 현장에서 일본인이 조선옷을 입고 난동을 지휘했다는 것이다.[106]

그러면 당시 국내 민족주의 계열 식자층과 사회주의 계열 식자층은 이러한 사태를 어떻게 보고 있었을까? 그들은 각자 견해를 달리하였으며 그 근저에는 서로 다른 인식이 깔려 있었다.

우선 재만동포옹호동맹의 위원장을 맡았고 역사학자이자《조선일보》의 사장으로서 만보산사건의 여론 형성에 영향을 미쳤던 안재홍安在鴻을 통해 민족주의 계열 좌파의 인식을 보자.

안재홍은 1927년 당시 재만동포옹호동맹 결성을 앞두고 한국인의 화교 공격을 경계하였다. 그가《조선일보》부사장으로 재직하던 시기인 1927년 12월 12일 "중국인 적대 불가"라는 제하의 시평에서는 재만 동포에 대한 한국인 대중의 관심을 옹호하면서도 일시에 흥분되어 폭력 사태로 가는 것은 불가한 일이라고 못 박았다.[107]

그러던 중 만보산 소식이 들려왔다. 그는 한중 민족의 연대를

염두에 두면서도 당장 급박하게
돌아가고 있는 재만 한국인 농
민의 생존권 문제에 치중한 나
머지, 일제의 계략에 말려들어
만보산사건을 잘못 보도하기에
이르렀다.

　그의 경우, 만보산사건을 즉
각 보도한 데는 재만 동포에 대
한 중국 당국의 압박을 해제할

〈그림 10〉
1931년 당시 《조선일보》 사장이었던 안재홍.

필요가 있다는 원칙론이 작용하였다. 그러나 결과적으로 국내에
서 화교배척폭동 사건을 증폭시킨 요인을 제공했음도 사실이다.
이 점에서 안재홍은 한국인 대중의 동족애, 혈연의 정을 불러일
으켜 재만 동포를 옹호해야 한다는 원칙론에 갇힘으로써 일제의
침략 공작과 중국의 주권회복 노력을 간과했다.

　만보산사건 이후 안재홍은 재만 한국인 동포가 핍박을 받는다
는 소식에 생존권 위기에 놓인 재만 동포를 구제하기 위해 국내
한국인 대중과 재만 한국인 동포가 연대해야 한다고 판단했다.
물론 여기에는 민족 간의 폭력으로 발전해서는 안 된다는 기본
전제가 깔려 있었다. 그러나 만일 이러한 기본 전제가 깨질 때에
는 민족의 대단결을 우선해야 했다.

한중 노동자가 충돌하다

아울러 만주에 대한 그의 역사적 통찰이 1931년 만보산사건에 투영되었으니 이후 재만 한국인의 위상을 다음과 같이 설정할 것을 주장하였다.[108] 즉 그는 만주가 생활상으로 한국인들이 백만 이상 거주하고 있으며 역사적으로 한청韓淸 양국 당시 이래 국교분쟁을 거듭했던 유서 깊은 지대임을 감안할 때, 특수 권익에 따른 재만 한국인의 치외법권 유지는 고집하지 않되 이들의 만주화滿洲化, 즉 동화同化는 반대하였다. 나아가 한국인의 집중 거주(집중), 그리고 결합 통제(통일), 중국의 법령 밑의 자치(자치)를 주장하기도 하였다.

따라서 그의 이러한 구상은 언제든지 일제의 공작에 넘어갈 여지가 많았다. 그가 비록 1931년 이전과 같이 냉철하고 구조적으로 인식하더라도 재만 동포의 자치와 생존이 위협받는 상황에 접했을 때에는 이 문제의 해결에 몰입하지 않을 수 없었던 것이다. 이 점에서 안재홍은 민중 생존권 그 자체에 초점을 두고 재만 한국인의 생존 및 자치 문제를 국내 한국인 노동자들의 생존권 문제와 중첩하여 접근한 것으로 보인다.[109] 그럼에도 안재홍은 얼마 안 되어 1931년 7월 5일자 "절대냉정을 권함—재만 동포 문제는 합법적合法的을 요한다"라는 제하의 사설에서 재만 동포의 안전을 염려하여 국내 한국인들이 중국인들에게 면밀한 절제의 태도를 가져야 함을 강조하였다.[110] 기본 바탕에 한중 연대 의식이

여전히 남아 있었던 것이다. 즉
이들 민족주의 좌파 계열은 국
제주의와 민족주의 공존 가능성
을 견지하고 있었다고 하겠다.

반면에 민족주의 우파 계열을
대표하는 《동아일보》 사설의 경
우, 만보산사건 이전에 보도된
동 신문의 일반 기사와는 논조
가 달랐다. 이 사설들은 《동아일

〈그림 11〉
1931년 당시 《동아일보》 사장이었던 송진
우(고하송진우선생기념사업회 제공).

보》 사장 송진우宋鎭禹의 주장에서 보듯이 국제 정세와 일제의 정
책에 대한 면밀한 분석에 바탕하여 한중 간의 문제는 일본이라
는 변수를 떠나서 생각할 수 없다는 구조적 시각에서 접근하였
다. 그리하여 일제의 '검은 손'을 우려하는 동시에 민족감정을 격
발하는 언행을 삼갈 것을 강조하였다.[111]

그런데 앞서 얘기했듯이 이러한 《동아일보》의 신중한 태도는
만보산사건 이전에 보도된 일반 기사와 달리 일련의 사설에서
견지되고 있었다.[112] 즉 중국인 노동자의 급증에 따른 한국인 노
동자의 위기감에 공감하면서도 중국인 노동자에 대한 한국인 대
중의 압박으로 인해 재만 한국인들이 현지에서 중국인들에게 당
할 보복을 고민하는 내용을 담고 있다. 다만 재만 한국인이 중국

인에게 끼치는 폐해보다는 중국인 노동자가 경기 불황 속에서 한국인 노동자에게 끼치는 폐해가 많음을 강조한다. 만보산사건 이후에도 송진우는 이런 자세를 견지하였을 것이다. 그는 조만식과의 교감 아래[113] 일반인들에게 만보산사건에 신중하게 대처할 것을 주문하면서 다음과 같은 사설을 발표하였다.

만보산충돌사건을 단순하게 중국인의 조선민 압박이라고 떠들어대는 것은 천려淺慮의 심한 자다. 좀더 냉정·침착하게 사태의 진상을 포착하고 그 이면에 잠재한 종종의 미묘한 관계를 정관靜觀한 뒤에 판단을 내려야 한다. 하물며 이 사건을 곡해하고 무고한 중국 재류민에게 폭행을 가하는 등의 일이랴. (……)

이와 같이 미묘한 관계를 가지고 있는 이 사건에 대하여, 경솔히 사태를 과장하고 항쟁을 확대케 하는 듯한 언사를 농함은 쌍방의 감정을 도발할 뿐으로 하등의 이익이 없는 일이다.

우리의 관심처는 오직 이백의 농민동포다. 일·이 기업가의 무모한 행동으로 인하여 애매히 피해를 받는 그들의 애매함을 철저히 주장할 것뿐이다. 이에 대하여 조선인은 조선인의 입장에 있어서 신중한 대책을 수립할 필요가 있거니와, 오직 크게 삼갈 것은 사건의 진상을 알기도 전에 경솔히 행동한다거나 또는 문제의 정곡을 혼동오인하여 화근을 장래에 남기지 않도록 크게 주의할 바다.[114]

이주노동자, 그들은 우리에게 어떻게 다가왔나

송진우의 이런 주장은 《동아일보》 일반 기사에서 보였던 중국인 노동자에 대한 반감과 달리 재만 한국인들의 생존권을 고민하면서 한중 간의 마찰을 피하고자 하는 의도를 보인다.

이어서 그는 이틀 뒤인 7월 7일에 감성적 민족주의 표출을 경계하면서 "이천만 동포에게 고합니다—민족적 이해를 타산하여 허무한 선전에 속지 말라"라는 사설을 발표하였다.[115] 여기서는 인도주의라는 보편적 원칙에 입각하여 중국인의 생명과 재산을 파괴하는 것을 극력 비판하였다. 아울러 이러한 행위가 오히려 만주에 살고 있는 한국인들의 생명과 재산을 위협할 수 있다는 주장을 하면서 민족적 감성보다는 신중한 이해타산에 중점을 두었다.

이후 《조선일보》와 《동아일보》를 비롯한 여론 주도층의 노력으로 국내에서 일어났던 한국인들의 화교배척폭동은 진정의 기미를 보였다. 중국 측 역시 만보산사건이 일본의 조작된 계획에서 빚어진 사건으로 파악하고 만천하에 일본의 음모를 폭로한 뒤 한중 양 민족의 화해 노력에 적극 나섰다. 이어서 일제가 만주사변을 일으키자 일제의 음모가 백일하에 드러나면서 화교배척운동은 한고비를 넘겼다.

그런데 일부 자산가층은 자본주의적 노동윤리관을 내세우면서 겉에 드러난 행동과 달리 내면에는 상이한 시각을 품고 있었

다. 교육자이자 기독교계의 거물이었던 윤치호尹致昊와 언론인 이
선근李瑄根의 내면세계가 그러하다. 당시 자본가들의 노동윤리관
이 이들 식자층의 내면세계에 똬리를 틀고 있었다.

윤치호의 경우, 중국인 노동자들이 저임금으로 한국인 노동자
의 일자리를 빼앗는다고 보면서도 한국인 노동자들이 고임금을
요구하기 때문에 그렇다고 여겼다.[116] 당시 양자가 살아가는 조
건의 차이, 즉 가족 구성이라든가 조선과 중국의 물가 등 제반 요
인의 차이를 고려하지 않고 단지 임금의 고저로 한정하여 한국
인 노동자를 비판한 셈이다. 또 그는 미국인 노동자들이 아시아
인 특히 중국인 노동자들에게 시비 거는 것처럼 한국인 노동자
들이 중국인 노동자들에게 저임금, 장시간 노동, 자국 송금 등을
들며 똑같이 시비하는 것에 신기해했다.[117]

이선근의 경우도 이러한 노동윤리관은 마찬가지였다. 그는 화
교 호떡 장사나 중국인 노동자들은 아무리 궁핍하게 살더라도
자기 고국으로 돌아갈 때에는 수십 원, 수백 원의 저축을 가지고
가는 데 반해 한국의 농민이나 노동자들은 봉건적 숙명적 관념
에 지배되어 현실 생활을 위한 적극적 투쟁성을 말살당하고 있
다고 보았다.[118]

그렇다면 윤치호는 만보산사건을 비롯하여 국내외에서 벌어
지고 있는 한국인과 중국인의 대립·갈등을 어떻게 보았을까?

이주노동자, 그들은 우리에게 어떻게 다가왔나

그리고 이후 전망을 어떻게 내놓았을까?

물론 그도 《동아일보》 계열과 마찬가지로 만보산사건 이후 한국인들의 화교배척폭동 사건을 진정시키기 위해 1931년 7월 7일 지도급 인사들이 조직한 사회각단체협의회의 실행위원으로 활동하였다.[119] 그는 이날 위원으

〈그림 12〉
교육자이자 기독교계의 거물이었던 윤치호.

로 선임되기 이전인 7월 5일 일기에서 일제 경찰이 화교를 박해하지 말라는 계도성 집회를 허가하지 않은 점을 비판하였다.[120] 또한 그는 계도성 집회와 관련하여 조선 내 화교가 상해를 입으면 재만 한국인들이 훨씬 험악한 지경에 처할 것임을 우려하였다. 이 점에서 그의 견해는 송진우와 비슷했다. 그러나 그는 만보산사건을 전해 들으면서 1931년 7월 3일 일기에서는 다음과 같이 적고 있다.

재만 조선인 문제는, 강력하고 현명한 정부가 대단히 엄하게 법을 집행하면서 그 광활한 영역을 다스릴 때 비로소 만족스럽게 해결될 수 있을 것이다. …… 만주에는 조선인 농민들의 고혈을 빨아

한중 노동자가 충돌하다

먹는 네 부류의 암적 존재들이 있다. 중국인 관료들, 중국인 마적, 조선인 볼셰비키들, 그리고 조선인 '애국자' 말이다.[121]

이처럼 윤치호에게 만주는 야만인이라 할 중국인들, 한국인 볼셰비키와 한국인 민족주의자들이 조선 농민들을 착취하는 무법천지의 땅으로 비쳤다. 따라서 일제가 이 땅을 확보하여 치안을 유지하는 것이 급선무라고 생각했다.[122] 그래서 그는 9월 19일 일기에서 "일본이 일을 벌이고 나선 이상(만주사변—필자 주), 수백만에 달하는 재만 조선인들이 안정을 보장할 만한 명확한 조치가 취"해지길 원했다.[123] 물론 여기에는 힘의 논리를 내세운 '정글의 법칙'이라는 약육강식론이 깔려 있다.[124] 이어서 만주국 건국을 앞둔 1932년 2월 22일 일기에는 다음과 같이 적고 있다.

난 조선의 애국가 가운데 한 사람으로서, 일본의 만주정책이 성공하길 빈다. 그 이유는 이렇다. (1) 일본이 만주를 점령하게 되면, 그 광활한 땅의 도처에 살고 있는 수백만 조선인들의 생명과 재산이 안전해질 것이다. (2) 만주라는 큰 보고를 차지해 경제적 위기에서 벗어나게 된 일본인들은 조선에 있는 조선인들을 대우하는 데 있어서 정치적으로나 경제적으로나 적잖이 관대해질 것이다. (3) 일본 치하의 만주는 조선인 고학력자들에게 일자리를 제공하는 공간이 될 수 있다. ⑷ 재만 조선인이 수백만에 달하게 되면, 그들 사이에서 대규모 사업을 일으키는 이들이 나타나게 될 것이다. 난 조선에서는 위대한 인물이 한 사람도 나타날 수 없다고 확신한다. 종교, 철학, 정치, 사회적 편제 그리고 지난 수백 년 동안의 역사적 배경, 이 모든 게 조선 민족의 심성과 기개를 위축시키는 데 기여해 왔기 때문이다. 따라서 조선이라는 이 좁은 공간을 벗어나야만, 비로소 위대한 인물이 활동할 수 있는 공간을 확보하게 될 것이다.[125]

요컨대 일본의 만주 점령이 조선 자본주의의 확장과 재만 한국인의 안전을 보장한다는 주장이다. 다시 말해 민족의 안전과 자본가의 이윤 축적을 내세워 일제의 만주 침략을 정당화하고 있다. 이 점에서 그에게 만주는 일제와 마찬가지로 한국인 자본가들이 진출해야 할 황금의 땅으로 비쳤던 셈이다.

그런데 그의 이런 속내는 《동아일보》가 만주사변 직후 대서특필한 기사와 맥을 같이하고 있다. 즉 《동아일보》 1932년 12월 13일 기사는 만주사변 이후 양말, 면포, 수산물, 고무신 등 조선 물산이 크게 진출하였음에 고무되어 만주 치안의 안정으로 수출 전망이 밝다는 것을 강조하였다.[126] 이러한 보도 태도는 《동아일보》 경영진 역시 윤치호와 마찬가지로 한국인과 중국인의 갈등에 따른 재만 한국 농민들의 피해는 줄이되 한국인 토착 자본이

한중 노동자가 충돌하다

일본의 만주 점령을 계기로 만주에 진출하는 현실을 환영하였음을 보여준다.

이러한 주장은 만주사변 이후 1936년 《삼천리》 좌담회에 참석한 개성의 자산가 공진항孔鎭恒뿐만 아니라 국내 일부 식자층의 의향에서도 보인다.[127] 이들 역시 재만 동포의 생활 안정을 위해서는 한국인 토착 자본가의 만주 진출이 매우 절실함을 강조하면서 일본이 만주 지역의 정치적 불안을 해소해줄 것을 요망하였다. 나아가 이들 식자층과 자본가는 일제의 만주 지배를 전제로 한 가운데 한국인의 생활 안정과 경제 성장을 도모한다는 명분과 고토故土를 수복한다는 신념, 즉 한국 민족의 이해관계를 관철한다는 목표를 내세우되 한국인 토착 자본가가 만주로 진출할 수 있는 기회로 활용하고자 하는 속내를 보여주고 있다.[128]

이처럼 민족주의 우파 계열은 《동아일보》의 현실에 대한 냉정하고 예리한 인식 위에서 제국주의의 욕망과 자본축적의 법칙을 적극 활용하여 자신들의 계급적 기반을 강화하고자 하였다. 그리고 이러한 현실 인식은 중국인 노동자에게서 자본주의적 노동윤리관을 확인할 수 있는 계기로 작용하였다.

그러면 평양 출신으로 한국인들의 평양 화교 살상을 옆에서 지켜보았으며 만보산사건과 관련된 소설 「붉은산」을 집필한 김동인은 일련의 이런 사건들을 어떻게 인식했을까?[129]

김동인은 1931년 7월 평양 시가지에서 벌어진 한국인들의 화교배척폭동을 목격하였다. 그는 현장에서 한국인들이 돌과 망치로 화교 이발소를 파괴하고 비단 포목들을 찢는 광경을 보았다. 이때 한국인들은 흥분되어 '만보산', '되놈'이라 외쳤다. 당시 이들 군중의 구호는 만보산사건에 대한 보복임을 보여주는 동시에 화교들을 경멸하는 마음을 잘 드러내고 있었다. 또 김동인은 상당한 지식계급도 흥분하여 군중을 지휘하고 있었음을 전하고 있다. 나아가 그는 1934년 《개벽》에 쓴 글에서 이 사건의 성격을 다음과 같이 정의 내리고 있다.

어제까지도 아니 아까 낮까지라도 이 중국인들에게 향하여 서로 농담을 주고 바덧을 아모 악의도 업는 군중들이 몃 사람의 선동자의 선동에 흥분이 되어, 예기안하엿든 이러한 난포한 일을 하는 「군중심리」의 놀라운 힘에 나는 새삼스러히 몸서리 첫다.[130]

그에게 한국인들의 화교배척폭동은 일부 극렬분자의 선동에 흥분되어 일어난 돌발적인 사건으로 비쳤다. 또한 한국인 군중들의 화교 상점 약탈에만 초점을 두고 이 사건의 참극을 부각시켰다.

그는 이처럼 자신의 목격담을 통해 이 사건의 문제점을 나름

137

대로 짚어냈다. 그런데 그에게서 이 사건이 왜 일어났는지에 대한 인식은 좀처럼 드러나지 않는다. 단지 그에게 비친 이 사건은 일부 선동자의 말에 현혹되어 일어난 돌발적인 사건일 뿐이었다.

그의 이러한 소박한 인식은 1933년 4월에 《삼천리》에 발표한 소설 「붉은산」에서 주인공의 조국애를 그리기보다는 오히려 일제의 만주 침략을 두둔하는 꼴이 되었다.[131] 이 소설이 발표된 때는 만보산사건이 터진 지 2년이 채 안 되는 시점이다. 더욱이 이 소설에서도 여타 소설가와 달리 만보산사건의 본질이라 할 재만 동포의 귀화 문제, 기한부 소유권이라 할 토지상조권土地商租權 관계 등을 전혀 다루지 않는 대신에[132] 오로지 중국인 지주와 한국인 농민이라는 기본 대립 구도에서 주인공이 한국인 농민을 위해 중국인 지주에게 항의하다가 맞아 죽는 이야기로 끝을 맺고 있다.

이 점에서 김동인은 만보산사건을 단지 중국인과 한국인의 대립·갈등 관계에서 일어난 사건으로 인식하는 가운데 소박한 민족감정 내지 피해자에 대한 동정에서 중국인은 강자요 가해자로, 한국인은 약자요 피해자로 부각시켰다.[133] 그의 이런 인식은 이미 1925년에 발표한 「감자」에서 여실히 나타났다. 이 소설에서 왕서방은 주인공 복녀를 죽음으로 몰아간 무지하면서도 악랄한 가해자로 설정되었다. 복녀의 말대로 화교는 "이 되놈, 죽어라

이놈"이었다.[134]

김동인의 이러한 중국인 상은 이인직의 『혈의 누』에서 보이는 청국인 상과 상통하였다. 더욱이 그는 만주 이민 문제의 배후에 있는 일본의 만주 침략 의도를 인식하기보다는 오히려 일본의 만주 침략을 정당화할 수 있는 장치를 설치해놓았다. 따라서 독자는 그의 소설에서 주인공의 삶을 통해 일제의 만주 침략을 형상화하기보다 중국인의 한국인 수탈을 확인할 뿐이다. 작품의 완성도가 매우 낮을뿐더러 김동인 자신이 민족과 시대 문제에 좀처럼 관심이 없음에도 불구하고 집필한 이 소설을 1940년에 신건(申建)이 일본어로 번역하여 『조선대표소설집』에 수록한 이유가 여기에 있다.[135]

결국 김동인은 한국인 농민과 중국인 농민의 갈등 구도에 갇혀 만보산사건을 오직 양자 간의 싸움으로 형상화하였다. 이처럼 그는 《동아일보》와 윤치호에게서 보이는 노회한 분석조차 하지 않은 채 본인의 관념화된 상, 즉 중국인 멸시관을 다시 만보산사건에 투사하였던 것이다.

따라서 당시 민족주의 계열 식자층의 내면세계를 들여다볼 때, 만보산사건 이후 경주되었던 한국인 식자층의 한중 화해 노력은 처음부터 각각 다른 데서 출발했을뿐더러 안재홍 같은 일부 식자층에게만 국한된 실천이었던 것이다.

한중 노동자가 충돌하다

국내 한국인들의 화교배척운동으로 격감했던 화교 인구는 사건이 진정된 이후 다시 증가하였다. 그러나 한국인 노동자와 중국인 노동자 간의 갈등은 여전히 심하여 편싸움이 비일비재하였다.[136] 재조 화교들이 일제의 중국인 노동자 입국 제한에 조직적으로 반발하는 가운데 중국인 노동자들이 한국인 노동자들보다 더 많은 임금을 받는다는 보도가 속출하면서 양자 간의 갈등이 줄어들지 않았기 때문이다. 특히 일제의 중국인 노동자 제한에도 불구하고 "조선의 노동시장은 화교 노동자의 저렴한 임금과 그들의 인내성 있는 노동력으로 풍미하고 있는" 현실에서 더욱 그러하였다.[137] 그 결과 '인류애'라든가 '민족동정'이라는 보편적 가치는 자본의 논리와 노동 시장의 구조로 야기되는 이러한 갈등 앞에 그 취약성을 드러내고 말았다.

그러면 한중 노동자·농민의 연대를 강조했던 사회주의자들은 만보산사건 직후에 어떠한 자세를 취했을까?[138]

당시 사회주의자들은 만보산사건에 대한 행동에 들어가기도 전에 일제의 예비검속으로 7월 5일 경찰서에 구금되었다. 7월 5일은 한국인이 중국인을 배척하는 폭동이 본격화되는 시점이었다. 이들 구금된 사회주의자는 주로 합법공간에서 활동해왔던 인물로 서정희를 비롯하여 이항발, 정백, 원세훈, 송봉우 등 26명에 이르렀다.

서정희는 55세로 을사오적 한 사람인 권중현 암살기도 사건의 주범이었으며 1920년대 "젊은이 이상의 농담가, 젊은이 이상의 대식가, 젊은이 이상의 세력의 소유자"로 불릴 정도로 3·1운동과 조선공산당사건까지 수차례 경찰에 검거되어 오랫동안 수감 생활을 해온 노혁명가였다.[139] 이항발과 정발은 서울청년회를 이끌어온 투사였고 원세훈은 연해주와 간도, 상해 일대를 종횡무진하며 활약하던 '시베리아의 투사'였다. 그 점에서 이들 사회주의자가 만보산사건 직후 어떤 행동을 취했을지 추측하기가 힘들다. 다만 일제는 한중 민족이 만보산사건 이후 갈라진 한국인과 중국인의 연대의식을 회복시키려고 노력하지 않을까 우려하여 이들 사회주의자를 검속해 대중에 대한 영향력을 차단하려고 한 것으로 보인다.

일제의 이러한 우려는 실제로 나타났다. 신문과 잡지, 대중 집회를 통해 합법적인 활동을 벌였던 명망가 사회주의자들은 예비 검속되어 활동할 수 없었지만 일제의 눈에 띄지 않았던 사회주의자들이 지하 활동을 벌이기 시작하였던 것이다. 당장 만보산 사건 직후 지하에서 활동하던 최봉식과 홍병호 등의 사회주의자들이 이를 기화로 조선을 일본제국주의로부터 해방시키고 공산 사회를 실현시키기 위해 학생동맹휴업을 기획하였다. 이어서 7월 6일에는 보성고등보통학교 학생들과 함께 격문을 만들었다.

7월 7일 옥인동 하숙집에서 격문 2,300여 장을 등사하여 전국 중등학교에 배포하고 7월 10일에 동맹휴업을 하기로 계획하였다. 그러나 격문은 살포되었지만 동맹휴업계획은 연락이 불충분하여 성사되지 못했다. 다만 격문에는 이들 사회주의자가 만보산 사건을 보는 관점과 향후 전망을 담고 있어 당시 대다수 사회주의자들의 화교 인식을 엿볼 수 있다. 일부 격문을 인용하면 다음과 같다.

(……)

보라! 이번 만보산(삼성보) 학살사건의 정체를!

저들(일제─필자 주)은 조선 유리 농민의 만주이주를 이용하여 '재만선인옹호'라는 미명 아래 완매한 농민대중의 피로써 만주의 이권을 강탈하고, 야수적 만몽침략정책을 노골화하고, 금융시장을 독점하여 미제국주의의 선봉인 중국군벌과 충돌함으로써 재만조선농민대중의 선혈을 매장하였다!!

제군!! 저들의 기만적 정책에 결단코 맞서라!

우리의 적은 일본제국주의자이다. 제국주의의 선봉인 중국군벌이다! 결코 완매한 중국의 민중이 아니다!! 전조선 혁명적 학생제군. 전투적 제네스트를 계속하고 있는 함흥의 동지들과 하나되어 굳게 악수하고 학생제네스트의 대중적 '데모'로써 일본제국주의에 이에 따르면 사회주의자들은 만보산에서 한국인 농민이 피살되었다는 오보를 그대로 믿고 있음에도 중국의 농민들이 적이 아님을 명백히 규정하고 있다.

이러한 인식은 재조 중국인 노동자들에게 그대로 적용되었을 것이다. "중국과 조선 노동자, 농민 단결"을 외치는 구호에서 볼 수 있듯이 이들 사회주의자는 재조 중국인 노동자들을 적대시하지 않았다. 인천에서 화교배척사건이 일어나자 사회주의자 김성규와 권문용은 7월 3일 중국인 노동자와 한때 갈등을 빚었던 가등정미소 여러 직공에게 "만보산사건의 죄는 일본제국주의에 있다."라고 설명하면서 관정(오늘날 중앙동)에 거주하는 일본인을 습격하고 격문을 작성·산포한다는 계획을 세웠다. 화교배척운동을 반일운동으로 전환시키려 하였던 것이다.

그러나 만주의 중국인들이 재만 동포를 공격하는 데 대한 책임을 중국 군벌과 일제에게만 전가하는 사회주의자들의 국제주의적 시각이 당시 국내 한국인들에게는 공허한 구호로 들렸다. 만보산사건의 발단이 중국인 농민과 재만 한국인의 이해관계 충돌이었다는 사실에 애써 눈감는 꼴이었기 때문이다. 이런 까닭에 민족주의자인 신언준은 사회주의자들의 이러한 노력을 "자기의 승리를 위하여 민중을 꾀이고 속이어 무위의 희생이 되게 하는 죄"를 범하는 것이라고 비판하였다.[141]

만주에서라면 중국 군벌과 지주들에게 동일하게 수탈당하는 공통된 처지에서 사회주의자들의 노력에 힘입어 중국인 농민과 재만 한인이 상호 이해 증진을 통해 단결할 수 있었을지 모른다. 그러나 일제하 조선에서는 한국인 노동자와 중국인 노동자가 매일 일자리를 두고 사생결단으로 경쟁해야 했다. 이러한 절박한 상황에서 양자의 연대는 수많은 난관을 극복해야만 겨우 실마리를 풀 수 있는 사안이었다. 이 점에서 사회주의자들이 내세운 한중 인민의 연대 노력은 생존의 기로에 서 있던 한국인 민중에게는 공허한 메아리에 지나지 않았다.

4

일제의 대륙 침략 후
중국인 노동자의 선택

1

일제의 대륙 침략과
중국인 노동자의 집산

1931년 9월 18일 밤, 일본 관동군은 봉천(오늘날 심양) 북방에 있는 유조호柳條湖에서 만철의 철도 선로를 계획적으로 폭파시켰다. 그리고 이를 중국 측의 파괴공작이라 강변하면서 즉시 중국군에 대한 공격을 개시하였다. 이를 유조호 사건이라고 한다. 만주 남부 일대로 군사행동을 확대한 일본군은 이 모략사건으로부터 약 4개월 만에 주요 도시, 철도연선 지대 등을 군사적으로 점령했다. 1932년 1월 초에는 만주 남부 최후의 중요 도시인 금주를 함락시켜 열하성을 제외한 만주 전역을 거의 그들의 군사지배 하에 넣었다. 중국에서 9·18사변이라 부르는 이 만주사변은 이후 15년에 걸쳐 전개된 일본의 중국 침략을 알리는 전주곡이었다.

만주사변이 일어나자 화교들의 불안은 커져 갔다. 그 결과 많은 화교들이 대거 중국으로 귀국하였다. 재조 화교 인구가 1930년 12월 6만 7,794명에서 1931년 12월에는 3만 6,778명으로 46퍼센트나 감소하였다. 조선에 입국하는 중국인 수는 1930년 8월 2,583명에서 1931년 8월에는 2,299명으로 줄어들었고 1년 후인 1932년 8월에는 1,988명으로 급감했다. 반면에 출국자 수는 1931년 7월에 1만 7,327명에 이르렀다.[1] 그 결과 만주사변 이전에 6만 7,800명에 달했던 중국인이 1932년에 3만 6,700명으로 감소했다. 1935년 일제의 국세조사보고에 따르면, 1930년에서 1935년 사이에 화교 인구가 36.2퍼센트나 감소한 데 반해 일본인 인구는 같은 기간에 17.5퍼센트까지 증가하였다.[2] 이러한 민족별 증감률은 이전 시기인 1925년에서 1930년 사이에 화교 인구가 58.1퍼센트나 증가한 데 반해 일본인 인구가 18.9퍼센트가량 증가한 점과 비교하면 놀랄 만한 역전 현상이라고 하겠다.

이렇게 화교가 급감한 원인에는 화교배척사건과 만주사변은 물론 일제의 입국 제한 정책도 작용하였다. 즉 1934년 9월부터 중국인이 입국할 때, 100원의 제시금提示金, 소지금을 내야 할 뿐 아니라 취업할 직장이 확실하지 아니하면 입국을 제한하는 조치를 취했다.[3] 나아가 중국인 노동자 사용을 제한하고자 하여 마련한 '관용官用(사업장) 10분의 1, 민용民用(사업장) 10분의 2' 지침을 엄격하게 관리하도록 각도 경찰에 하달하였다.[4] 1932년 일제의 괴뢰

이주노동자, 그들은 우리에게 어떻게 다가왔나

국인 만주국이 건국되면서 일제로서는 더 이상 중국 정부의 눈치를 볼 필요가 없어졌기 때문이다.

1929년 대공황에 따른 일본 본국의 경제 사정도 이러한 조치를 초래한 요인이었다. 즉 대공황의 영향으로 실업자가 증가하는 가운데 조선에서 일본 국내로 이주하는 한국인이 증가하면서 일본 내 실업 문제가 더욱 심각해지고 있다고 판단한 것이다. 그래서 일본 본국과 조선총독부는 한국인의 일본 국내 이주를 막는 것이 일본의 실업 문제 해결에 도움이 된다는 계획 아래, 중국인 노동자의 입국을 제한해 한국인 실업자가 조선에서 취업할 수 있도록 유도했던 것이다. 그 결과 1935년 9월 현재 중국인 입국자가 50퍼센트 이상 감소하였다.[5]

이 가운데 중국인 노동자 역시 화교배척사건에 충격을 받아 귀국의 대열에 참여하였다. 얼마 전까지만 하더라도 중국인 노동자의 격증을 우려하였던 언론들이 이제 "멸종된 중국인 고력"이라는 제목의 기사를 보도할 정도로 중국인 노동자가 격감하였다.[6] 평양과 인천 등지에서 중국인들이 반 이상 줄었다. 인천 같은 지역에서는 중국인이 좋아하는 돼지고기 도살이 반감할 정도였다.[7]

중국인들의 귀국은 단지 화교 인구의 감소만 가져온 게 아니었다. 여기에는 화교 연망의 동요가 수반되었다. 화교들의 또 다

일제의 대륙 침략 후 중국인 노동자의 선택

른 연망이라 할 화교소학교의 휴교를 초래하기도 하였다. 학생들의 숫자가 감소했거니와 교장과 교사들도 귀국하여 자리를 비웠다. 이는 중국 국민당의 지부 조직을 약화시켰다. 1934년 현재 당원이 280여 명으로 감소하였으며 평양, 전주, 광주 분부分部는 통신처로 강등되었다.[8] 이는 재조 화교 연망이 본국 정부의 지원을 받지 못하고 독자적으로 존속해야 하는 처지로 전락했음을 말해준다.

그러나 이러한 상황이 중국인 노동자의 정주화 추세를 약화시키지는 못하였다. 오히려 전국적인 차원에서 정주화율이 높아지거나 특정 지역에서는 인구가 증가하였던 것이다.

〈표 13〉은 1930년과 1935년 거주 중국인의 성별·연령별 분포를 보여준다. 이에 따르면 1930년과 1935년 사이에 중국인 인구는 20퍼센트가량 감소하였지만 유소년인구의 비율과 함께 남성에 대한 여성의 비율이 증가하였다. 이러한 수치는 만보산사건과 만주사변으로 인해 단신 남성들이 귀국한 반면에 가족 단위의 중국인들은 단신 남성들보다 적게 귀국했음을 보여준다.

특히 중국인 노동자들의 비중이 더욱 높아진 신의주부의 경우, 이러한 현상은 두드러졌다.[9] 〈표 14〉는 1930년과 1935년 신의주부 거주 중국인의 성별·연령별 분포를 보여준다.

〈표 14〉에 따르면 신의주부의 경우, 새로 유입한 단신 노동자

〈표 13〉 1930년과 1935년 조선 거주 중국인의 성별·연령별 분포

연도 연령별	1930년			1935년		
	총수	남	여	총수	남	여
0-14	11,821(13)	6,312	5,509	11,314(16)	5,962	5,352
15-64	79,625(87)	71,576	8,049	58,340(83)	50,943	7,397
65이상	337(0)	237	100	494(1)	360	134
총수	91,783(100)	78,125	13,658	70,148(100)	57,265	12,883
성비(여/남)	0.17			0.22		

출전 : 『소화5년조선국세조사보고』, 조선편 全鮮, 1931 ; 『소화10년조선국세조사보고』, 조선편 全鮮, 1936.

비고 : 1935년은 중화민국과 만주국 국적을 포함함.

괄호 안은 연령별 비중(%)으로 소수점 첫째자리에서 반올림 처리함.

및 기술자들의 비중으로 여성의 비율이 낮은 만주인이 포함되었음에도 불구하고 남성에 대한 여성의 비율이 0.24에서 0.26으로 높아졌다. 다음 화교 유소년 인구의 비율이 조금 낮아졌지만 전국 평균에 비하면 여전히 높다. 특히 중국인 노동자들이 대거 거주하는 동네가 건재하였다. 신의주부의 정동町洞 중 상반정常盤町에 거주하는 화교 인구(1,009명)가 일본인 인구(1,590명)의 63.5퍼센트에 해당하며, 상반정에서 차지하는 민족별 화교 거주자 비율은 36.87퍼센트에 이른다. 또한 상반정 거주 남자 화교(709명)에 대한 여자(300명)의 비율도 0.42배에 이른다.[10] 특히 신의주부여타 정동 거주자에 대한 상반정 거주 화교 인구의 비율은 15.67

<표 14> 1930년과 1935년 신의주 거주 중국인의 성별·연령별 분포

연령별 \ 연도	1930년			1935년		
	총수	남	여	총수	남	여
0-14	3,989(18)	2,129	1,860	1,467(17)	749	718
15-64	19,435(82)	16,727	2,708	6,905(82)	5,887	1,018
65이상	156(0)	93	63	54(1)	35	19
총수	23,580(100)	18,949	4,631	8,426(100)	6,671	1,755
성비(여/남)	0.24			0.26		

출전 : 『소화5년조선국세조사보고』, 조선편 全鮮, 1931 ; 『소화10년조선국세조사보고』, 조선
편 全鮮, 1936.
비고 : 1935년은 중화민국과 만주국 국적을 포함함.
　　　괄호 안은 연령별 비중(%)으로 소수점 첫째자리에서 반올림 처리함.

퍼센트에 이른다. 이 점에서 상반정은 화교 마을이라고 해도 과
언이 아닐 정도로 지역 연계망 역시 건재하였다.

또한 이러한 정주화 경향은 단적으로 화교 출생자가 전체 인
구에서 차지하는 비율에서 잘 드러난다. 인천부의 경우, 1935년
현재 화교 출생자 비율이 한국인과 일본인에 비해 제일 높다.[11]
부산부의 경우, 전반적으로 화교 인구가 대폭 감소하였지만 유
소년 인구의 비율이 13.03퍼센트(1930)에서 16.20퍼센트(1935)로
오히려 증가하였다.

인구 구조의 이러한 양상은 이미 가족을 형성한 정주 화교들
은 쉽게 중국으로 귀국하지 못한 반면에 단신 화교들은 쉽게 귀

국하였음을 반영한다. 아울러 상업의 성질상 정치적 변동에 민감하기 때문에 상권 상실의 위기에 처한 대상인들이 귀국 대열에 참여했을 가능성이 높다. 예컨대 만주사변 이후 중국 내 일본 상품 배척운동은 인천 화상들의 상세商勢를 약화시켜 이미 구축한 상권마저 내놓도록 했다.[12] 군산부의 경우는 화상들이 소유하였던 부지마저 일본인들에게 넘어갔다.[13]

만주사변 이후 화교 사회의 이러한 양상은 정주화의 성격이 바뀌었음을 의미한다. 즉 이전의 정주화는 대상인들을 비롯하여 소상인, 노동자 등에 이르기까지 전반적으로 이루어지면서 동향별, 동업별 연망의 밀도를 높였다. 그에 반해 이 시기에 들어오면 대상인들이 귀국함으로써 영세 소상인 또는 노동자들을 중심으로 화교 연망이 재편되었으며 밀도 역시 약화되었을 것이다. 이는 1930년과 1936년을 비교할 때 상업과 교통업 종사자가 45.3퍼센트에서 40퍼센트로 감소한 데 반해 공업 종사자는 30퍼센트(1,796명)에서 35퍼센트(2,240여 명)로 증가하였다는 사실에서 잘 드러난다. 특히 북부 지방의 경우, 노동자들의 유입이 크게 늘면서 화교소학교 설립 문제가 제기되었다.

그리하여 평안북도 운산에서는 노동자 자녀들을 위해 화교소학교 건물 낙성식을 벌이기도 하였다.[14] 1929년생 산동성 출신으로 아버지를 따라 조선에 들어온 오기훈吳起勳은 이 학교를 3년간

다니다가 집안 형편이 어려워 부근의 탄광에서 부친과 함께 노동을 했다. 그의 회고에 따르면 당시 이 학교의 교과내용은 수준이 매우 높았으며 이 학교 출신자로서 해방 후 중국 정부에서 고급 관료가 된 사람이 많았다.[15]

화상총회를 비롯한 기존의 사회조직체는 건재하였다. 이들은 한국인들의 화교배척사건에 냉정하게 대처하면서 한중 민족 간의 갈등을 해소하고자 노력하였다. 그리고 새로운 사회단체가 조직되기도 하였다. 경성에서는 중국인 노동자들이 상호 부조하고자 재경성중화공회在京城中華工會를 조직했는데 회원이 450여 명이었다.[16] 이 조직은 중국인 유지들이 판단하기에 노동자의 산만함을 줄이는 데 효과가 있다고 여겨진 까닭에 설립이 용인되었던 것이다. 그리하여 이 조직은 조선의 중국인 노동자들을 등록시키고 불량한 자는 송환시키기도 하였다. 일종의 자치적 통제기관이었다. 이처럼 상인 위주의 기존 연망과 별개로 여러 작업장에서 노동하는 화교 농민과 중국인 노동자를 연계해주는 지역별 동일업종 연망이 형성되어 갔다. 한편, 1937년 중일전쟁 이후에도 화교 단체들이 가동되었다.[17]

그러나 화교에 대한 한국인의 시선은 결코 곱지 않았다. 당시 많은 한국인들은 일제하 농업정책과 지주제의 모순으로 말미암아 농촌에서 쫓겨나 도시로 또는 만주로 이주해 가는 상황이었는데 중국인 비숙련노동자, 즉 고력들은 여전히 조선에 들어오고 있었기 때문이다. 당시 《조선일보》는 이러한 현상을 "만주 가는 동포와 교류기현상"이라는 기사 제목으로 뽑으면서 "내 땅에서 살수 없어 북만으로 이민되는 반면에 이곳에 살랴고 몰려드는 중국 '쿠리' 이것은 과연 무엇을 말하야 줌인가? 실로 뜻있는 자로 하야금 뜨거운 눈물을 금치 못하게 하는 바가 있다."[18]라고 결론을 짓고 있다.

그리하여 중국인 노동자의 유입과 생활 문제를 제기하는 신문 기사 속에서 1931년 만보산사건 이전에 지면을 수놓았던 선정적 기사들이 다시금 고개를 들기 시작하였다. 민간 신문의 재조 화교에 대한 기사의 제목이 다음과 같다.

종로대가鍾路大街 노방路傍에서 중국인 아편굴 발견, 회색연기 속에 마취된 자들과 중국 미인 등을 검거/ 표면에선 이발영업, 이면에서는 아편밀매, 침대에 누워서 아편빨던 관계자 속속 검거중[19]

용산아편굴사건, 남녀 17명 송국送局, 관계자는 전부 중국인[20]

기사 제목만으로도 한국인의 호기심을 자극하고 화교에 대한 반발 욕구를 채우고 있다. 특히 섹슈얼리티가 민족문제와 결합

되었다. 이러한 보도 관행은 자금이 가장 풍부했던 《동아일보》도 마찬가지였다.

우선 〈그림 13〉 기사 제목을 보면 가로로 "비운의 4소녀"로 뽑고 다음 세로로 "조선말도 못하고 마굴속에서 신음"이라는 제목을 가장 크게 뽑고 있다. 이어서 "팔자에 없는 중국인"이라는 제목이 덧붙어 있다. 다음 기사 내용을 보면 중국인 왕류지가 한국인 소녀들을 사들여 중국인으로 둔갑시키기 위해 갖은 악행과 학대를 가했으며 나아가 왕류지가 조선에 12년이나 거주하면서 인신매매를 지속했다는 사실을 확인할 수 있다.

이처럼 섹슈얼리티가 민족문제와 결합되면서 한국인의 재조화교에 대한 감정은 분노로 치달았다. 아울러 민간 신문사와 잡지사들은 대중 독자들의 흥미를 끌 만한 기사로 재탄생시키기 위해 노력하였다. 또한 야만의 상징이라 할 불결, 비위생성이 강조되었다. 《조선일보》의 경우, 팽창하는 경성가두 변천기를 기획 취재하는 가운데 서소문정 기사 내용의 제목을 "웃뚝소슨 재판소여페 너저분한 중국인거리—죄를 다사리고 죄를 범하는 호대 조好對照로서 코를 찌르는 도야지기름냄새"라고 뽑았다.[21] 아울러 재판소 건물과 중국인 거리의 사진을 상하로 배치하여 양자를 극명하게 대비시켰다. 그것은 각각 문명과 야만을 상징하는 사진이었다. 또한 전염병의 창궐 원인도 입국하는 화교들의 탓이

<그림 13> 《동아일보》의 중국인 '마굴' 보도 기사(1933년 7월 26일).

라 발표하는 조선총독부의 의견을 그대로 보도하였다.

　일반 대중의 화교관도 좀처럼 바뀌지 않았다. 일반 대중은 화교와 혼인하여 동거하는 것을 매우 수치스러운 행위라고 생각하였다. 심지어 화교 남성을 되놈이라 욕하며 이미 혼인한 화교 남성과 한국인 여성을 이혼시키기도 하였다.[22] 한중 민중 사이에 표출된 경제적 갈등과 문화적 이질성은 상호 연계되어 더욱더

확대증폭하여 갔던 것이다. 이런 맥락에서 작가 이효석이 1936년
에 발표한 「분녀」에는 주인공 분녀가 김동인의 「감자」 주인공과
마찬가지로 중국인 상인 왕서방과 간통하는 이야기가 나온다.[23]

2

중국인 노동자의
정체성 혼란과 삶의 끝자락

1931년 만보산사건에 이어 1937년 7월 7일 일제가 중국을 침략하는 중일전쟁이 발발하자 장개석 남경정부의 국민이었던 재조 화교는 갑자기 일본제국주의의 '적국 국민'이 되었다. 잠시 활성화되었던 화교들의 상업활동도 다시 소강상태로 들어갔으며 화교 자신들의 정치·사회적 활동도 새로운 국면을 맞게 되었다.

우선 조선에 거주하고 있었던 많은 화교들이 귀국하였다. 1937년 12월 말 현재 화교 6만 7,000여 명 중 귀국한 화교가 3만 3,000여 명에 이르렀다.[24] 동순태의 담결생 아들들도 이때 중국으로 귀국하였다.[25] 신의주에서도 이 시점에 매일 200~300명씩 귀국하였다.[26] 특히 중국의 왕정위汪精衛 정권이 1940년 3월 이른바 신정부를 수립하여 일제에 협력하자 조선에 거주하고 있었던 화교들은 혼란에 빠지면서 대거 중국으로 귀환했다. 이 대열에는 평양에서 30년간이나 살아온 산동성 출신 화교 노인도 있었다. 그는 1931년 화교배척폭동에도 끄떡없이 버티었건만 살아서 중국으로 돌아가지 못했다. 노후의 몸으로 신의주 근처 안동安東까지 이르렀으나 '만주국 통과의 귀국 불허' 방침이 내려졌기 때문이다. 그는 다시 신의주로 돌아와 용암포에서 배를 타고 평양으로 돌아갈 수속을 마쳤지만 신의주 중국영사관 앞 전신주에 목을 매어 자살하였다.[27]

한편, 많은 화교 조직이 일제의 강요를 이기지 못하고 친일 정권이라 할 북경 임시정부를 지지하는 대열에 잇달아 참가하였다. 인천부 화교, 신의주부 화교, 부산부 화교들도 마찬가지였다. 인천부의 경우, 인천중화농회, 인천중화여관조합, 인천중화상회, 인천산동동향회 등 인천 화교 대표들이 모여 임시정부에 참가할 것을 표명하였다.[28] 중국인 노동자들이 다수 거주하는 신의주의 화교들도 마찬가지여서 유력자들 수백 명이 북경회관에 모여 임시정부 지지 결의를 하기로 하였다.[29] 부산부의 경우, 부산 재류 화교들의 유일한 상업단체인 중화상회와 부산화교자치회가 임시정부 지지를 결의하고 오색기를 게양하였다.[30] 이제 화상총회를 비롯한 연망의 거점들이 통제와 동원의 대상이 되기에 이른 것이다.

이주노동자, 그들은 우리에게 어떻게 다가왔나

<그림 14> 1945년 8월 이전 중화민국에서 사용했던 국기들. 중앙에 있는 오색기는 중화민국 성립 초기에 사용되었다가 국민당 정부가 수립된 후 사용되지 않았다. 이후 이른바 중화민국 임시정부가 오색기를 사용하였다.

그런데 일제의 이러한 강요는 화교 조직을 통제하고 동원하는 데 그치지 않았다. 국민당과 밀접한 관계를 맺었던 중화상회와 기타 화교단체를 해체시킨 뒤 친일단체로 탈바꿈시켜 육성하는 데 주안을 두었다.[31] 1938년 2월 현재 중앙의 여선중화상회연합회旅鮮中華商會聯合會를 비롯한 여러 단체를 결성케 하였다.[32]

또한 중일전쟁으로 휴교하였던 인천 화교소학교는 임시정부 참가를 맹세하면서 다시 개교하였다.[33] 심지어는 화교소학교에서도 황국신민의 정신을 체득한다는 명분 아래 황국신민체조를 실시하였다.[34] 또 일부 화교들의 반발에도 오색기와 일장기를 걸라고 강요하였다.[35] '중국전승, 일본패전'이라는 불온한 언동을

161

저질렀다고 하여 일부 화교를 구속하기도 하였다.[36] 그 밖에 인천부의 일부 화교들은 일제에 6,000여 원어치 방공용·경찰전용의 전화 가설 경비를 기부하기도 하였다.[37] 그 밖에 신의주중화상회의 서기가 군기보호법軍機保護法 위반으로 검거되었고, 신의주중화상회는 해산되기도 하였다.[38]

이에 일부 친국민당·장개석 화교들은 대거 귀국하였다. 그 결과 이들 화교 거리는 일본인 또는 한국인들의 손으로 넘어갔다.[39] 이제 조선 내 화교 연망은 친일·친북경 임시정부 연망으로 급속하게 재편되었다. 그리하여 남은 화교들의 상업도 위축되고 부진함을 면치 못하였다.[40] 이는 화교 연망이 동향별, 동업별 및 지역 간 연계 조직에 근간을 두면서도 민족문제와 연계됨으로써 심하게 동요되기 시작하였음을 의미하였다. 나아가 일제의 패망 이후 또 다른 후유증을 불러일으킬 수 있었다. 특히 중국 국민당과 공산당 간에 내전이 재발하면서 이제 화교 사회는 이념의 대립으로 확대되었으며 연망을 더욱더 흔들어놓았다. 이는 차이나타운이 없는 화교 사회를 초래하는 데 영향을 미쳤을 것이다.

이런 상황에서도 화교들의 정주화 추세는 약화되지 않았다. 전체 화교에서 남자에 대한 여자의 비율이 1937년 0.33, 1939년 0.37, 1941년 0.41, 1943년 0.49로 점차 높아졌다. 더욱이 1931년에

이주노동자, 그들은 우리에게 어떻게 다가왔나

3만 1,600명이었다가 1941년에는 5만 2,037명으로 1936년보다 2만 400여 명이나 증가하였다. 그리고 1944년 5월에는 7만 명을 넘어섰다.[41] 또 유소년 인구의 비율도 높아졌다. 이는 여러 차례 정치적 변동이 있었음에도 정주화 경향은 훨씬 진전되었음을 보여준다. 다만 정주화의 성격은 이전 시기와 달라졌다. 농민이나 영세 소상인들의 정주화가 그것이다.

한편, 화교 상인은 중일전쟁과 일제의 통제로 인해 부진을 면치 못하였다. 우선 일본군의 중국 연한 항로 봉쇄 조치에 따라 조선 화상 소유의 이통호利通號가 운항되지 못하였다.[42] 또한 일제의 관세 통제로 인해 신장세가 꺾이고 있었던 화교 상업은 더욱 위축되었다. 특히 무역업에 다수 종사하였던 인천부의 화교는 부진을 면치 못하였다. 훗날이기는 하지만 인천판사처(영사관)가 1940년 12월 왕정위 남경국민정부 외교부에 보고한 공문은 일제가 중국에서 수입된 비단과 마포에 대한 관세율을 인상함으로써 화상들이 급격하게 몰락하였음을 보여준다.

20년 전은 우리 교상僑商에게 전성기였다. 점포가 즐비했다. 중국산 마포와 비단을 주로 수입했다. 연간 무역액은 수백만 엔에 달했다. 그 후 일본 상인의 인견 판매가 성행하여 결국 우리 마포의 판로를 빼앗겨 버렸다. 게다가 수차례의 증세가 더해진 결과 판로가

일제의 대륙 침략 후 중국인 노동자의 선택

막혀버렸다. 이 때문에 현재 포목상은 10여 호에 불과하며 겨우 오사카산 물품을 전매하는 데 불과하다.[43]

더욱이 이후 전시 통제 경제 속에서 가격통제령이 발동되고 배급제로 바뀌면서 화교 포목상들은 영업 부진을 면치 못했으며 점원들은 본국으로 귀국하고 말았다.

한편, 정주화가 이렇게 진행되는 가운데 정주 연망은 더욱 흔들렸다. 이는 화교들의 개별 분산화를 의미하였다. 즉 만보산사건과 한국인의 화교배척운동, 일제의 중국 침략과 이른바 북경 신정부의 수립 등 일련의 정치적·군사적 사건이 재조 화교 사회에 영향을 미치면서 화교 연망을 친일 세력과 반일 세력, 친장 세력과 반장 세력 등으로 구열龜裂시켰던 것이다. 그리고 이러한 균열은 일제 패망 이후 냉전질서가 도래하면서 더욱 심화되기에 이르렀다.

그리하여 1937~1945년 중일전쟁 기간에 일제의 영향력이 미치는 해외 각지의 화교들은 본의 아니게 북경 임시정부(1937~1940)나 남경에 만들어진 왕정위 정부(1940~1945)를 지지해야 하는 곤경에 몰렸다. 생계를 유지하기 위해서는 이들 정부를 적극 옹호하는 일제의 시책을 따르지 않을 수 없었기 때문이다.

우선 1937년 12월 14일 북경에서 설립된 중화민국 임시정부(북경 임시정부)는 국내 화교에 여러모로 영향을 미쳤다. 북경 임시정부가 통치하던 산동성과 화북성은 재조 화교의 출신지였기 때문에 화교와 밀접한 관련이 있었다. 이런 배경 아래 북경 임시정부는 수립 직후 중경 국민정부의 서울 총영사였던 범한생範漢生을 북경 임시정부로 전향시켰다.[44] 범한생은 북경 임시정부를 방문한 후, 12월 28일 오후 무장 경찰 30명의 지원에 힘입어 총영사관에 게양되어 있던 장개석 국민정부의 청천백일기 대신 임시정부의 오색기를 게양하였다.[45] 경성 총영사관은 이날부터 실질적으로 장개석 정부에서 임시정부의 공관으로 바뀐 셈이다.

재조 화교 사회는 범한생 총영사의 권고와 조선총독부의 협박에 의해 잇달아 중경 국민정부에서 북경 임시정부로 전향하였다. 이때 일부 외교관이 범한생의 권고를 반대하였으나 소용이 없었다.[46] 장개석 정부를 지지하던 외교관들이 본국으로 귀국하면서 1938년 1월 말 조선의 화교단체들은 대체로 북경 임시정부를 지지하는 쪽으로 기울었다. 인천을 비롯한 재조 화교들이 짧은 시간 내에 새로운 정권을 지지한 이유는 화교 대부분이 산동 출신이었기 때문이다. 그리하여 1938년 2월 3일 범한생 총영사를 중심으로 각 영사관 대표, 신의주 영사, 원산부 영사 외 3명이 모여 제1회 조선영사회의를 열었다.[47] 이날 일동은 여선중화상회연합회 결성을 위하여 조선 내 각지로부터 모아들인 대표자 22명

일제의 대륙 침략 후 중국인 노동자의 선택

과 함께 오전 10시 중일 친선을 서약하고 조선신궁에 참배하였으며 이어서 신정권을 지지하게 된 결의를 피력하였다.

그리하여 여선중화상회연합회는 중화민국 임시정부의 통제 아래 들어갔다. 1938년 2월 3일 총영사관에 의해 비준된 조직대강(안) 제3조에 따르면 여선중화상회연합회는 "장정을 결정하여 중화민국 임시정부에 품청하고 비준을 받아 기록으로 남겨둬야 한다."라는 조항이 들어갔다.[48] 이것은 여선중화상회연합회 조직이 중화민국 임시정부 소속임을 분명히 밝힌 것이다. 그리하여 1938년 7월 26일 여선중화상회연합회 장정은 경성 총영사관의 비준을 받아 정식 성립되었다. 이후 여선중화상회연합회에서는 1938년 8월 상해사변 1주년에 즈음하여 장개석 정권의 타도를 성명聲明 발표하였다.[49]

조선총독부는 재조 화교가 임시정부에 참가하는 것에 주목하여 조선 화교를 '우호국의 국민'으로 '대우'하는 조치를 취했다.[50] 예컨대 중일전쟁 이후 조선을 떠났던 화교들의 조선 귀환에 대해 단속을 완화하였으니 일본군 점령 지역 바깥 거주자를 제외하는 조건으로 조선 화교의 재입국을 허용했다. 아울러 조선총독부는 일본인 자본가들이 당시 전시동원에 따른 노동력 부족을 이유로 이른바 '순량한' 중국인 노동자들을 대거 수입하기를 요청하자 한국인 노동력의 초과 공급 실태를 고려하지 않고 중국

이주노동자, 그들은 우리에게 어떻게 다가왔나

인 노동자를 고용하도록 지원하였다.[51] 그리하여 영월 탄광을 비롯하여 인천 축항 공사 등에 이들 노동자를 투입하였다.

그러나 '대우'는 형식상 내세운 명분이고 속셈은 딴 데에 있었다. 전시 생산력 확충에 필요한 노동력을 추가로 확보해야 했던 것이다. 중국인 노동자를 대거 사용해왔던 신의주 등지의 자본가들은 중국인 노동자의 높은 생산성을 이유로 중국인 노동력 제한 조치를 완화해달라고 진정하고 있던 터였다. 심지어 일부 자본가들은 산동성에서 고력들을 모집하기도 하였다. 아울러 산동과 조선을 연결하는 기선항로를 부활시켰다.[52] 억류되었던 이통호가 1938년 6월 22일 인천항에 입항했다.

그 결과 1937년에 6만 3,981명으로 감소했던 재조 화교 인구가 1939년에는 5만 명을 넘었고 1941년에는 7만 3,274명으로 증가하였다. 이 가운데 화상들이 많았던 인천의 경우, 예전의 인구로 돌아가지 못한 데 반해[53] 중국인 노동자들이 많았던 신의주의 경우, 빠른 속도로 증가하였다.[54] 이러한 현상은 일제의 회유 정책에도 불구하고 화상들은 내주하지 않은 데 반해 일반 노동자들은 일자리를 찾아 신의주 등 공업 도시로 몰려왔기 때문이다. 이에 따라 상업과 교통업 종사자 비중이 감소한 데 반해 농업, 수산업, 공업, 광업 종사자의 비중이 증가하였다. 예컨대 신의주의 경우, 1936년에 6,000여 명이었지만 일제 패망 직전인 1944년에 1만

167

여 명을 넘었다. 많은 노동자가 신의주로 몰려들었던 것이다.

이러한 일제의 완화 조치에 화답이라도 하듯 1938년 7월 화교들은 중일전쟁 1주년을 기념하여 위문금을 모아 일본군에 헌금하였다. 여기에는 북방회관, 남방회관, 광방회관, 요리조합, 음식점조합, 이발조합, 달마불교회, 호북동향회 등 조선 8개 단체 대표가 적극 나섰다.[55] 또한 원주 철도 공사에 일하던 13명 중국인 노동자들이 설 명절의 설놀이를 철폐하고 임금 중 일부를 국방 헌금으로 내기도 하였다.[56] 중국인 노동자의 이러한 헌금 행사는 각종 모임 형태로 전국 곳곳에서 숱하게 벌어졌다.

일부 화교들은 무엇보다 영업 위기를 극복하기 위해 일제의 정책에 협력하기도 하였다. 1937년 12월에 일부 화교들은 일본 정부에 대한 지지 및 신사참배 등을 하기로 결의하였다.[57] 이어서 경성부 화교들은 경성 총영사관 설치 1주년을 기념하여 성대한 오색기 게양식을 벌이기도 하였다.[58] 이 기간에 경성중화상회를 비롯한 조선 국내의 각종 화교단체들은 신정권을 지지하는 성명서를 한꺼번에 발표하였다.[59] 여기에는 대표적인 중국인 노동자의 도시라 할 신의주도 포함되었다. 또 개별적으로 지지 의사를 밝힌 화교는 1938년 12월 말 당시 3,000명을 넘었다고 보도되었다.[60]

또한 화교들은 조선에서 안정적인 생활을 유지하고 신변을 보

<그림 15> 1942년에 이른바 대동아전쟁 1주년을 기념하는 자리에 왕정위(오른쪽에서 세 번째)가 당시 일본 총리 도조 히데키(왼쪽에서 세 번째)와 함께 있다.

호받기 위해 일제의 지원을 받고 있는 왕정위 정부의 영사관을 지지하고 보호를 요청하였다. 당시 일제는 신정권 지지 화교들에게는 '일만지日滿支 제휴'의 대방침 아래 이를 적극 보호한다고 선전했다.[61] 나아가 일제는 인천 화교들의 신정권 지지를 계기로 인천소학교 문을 다시 열기도 하였다.[62]

이어서 1940년 3월 30일 남경에서 수립된 왕정위 정권을 일본이 11월에 중국을 대표하는 공식 정부로 인정하면서 조선의 화교는 왕정위 정권에 편입되었다.[63] 왕정위 정부는 서울에는 '주경성 총영사관'을, 인천에는 '주인천 판사처'를 설치했다. 또한 국민정부를 이어받아 부산을 비롯하여 신의주, 진남포, 원산 등지에

일제의 대륙 침략 후 중국인 노동자의 선택

영사관을 설치하였다. 이에 중국인 노동자들도 조선으로 입국할 때에는 왕정위 정부와 재중국 일본공관의 증명서가 필요했기 때문에 왕정위 정권에 협조하였다.[64] 그 결과 중국인 노동자를 비롯한 중국인 일반에 씌운 적성 국민이라는 색채가 다소 완화되었고 조선으로 돌아오는 화교들도 늘어났다.

하지만 경찰당국은 화교의 90퍼센트가 산동 출신으로 대체로 팔로군 점령 지대 거주자이기에 간첩활동에 종사할 가능성이 있다고 보아 감시를 엄격히 하였다. 그럼에도 정치범, 경제범, 간첩범의 죄목으로 체포된 화교가 1937년 15명, 1938년 8명, 1939년 9명, 1941년 4명, 1942년 70명, 1943년 49명, 1944명 6명 등이었다.[65] 실제 이들 화교 중에는 산동성으로 가서 헌금을 하거나 화약 원료인 유황을 조직적으로 반입하는 등 항일활동에 가담한 이들이 있었다.[66] 일부 화교들은 1941년에 산동성으로 돌아가 팔로군에 참가했다.[67]

또 일제의 이러한 시책에 불만을 품고 저항하는 사례도 있었다. 노동자 자녀가 많이 다니는 신의주 화교소학교의 경우, 교사가 학생들에게 애국심을 고취하는 노래를 가르쳤으며 반일표어가 교내에 나돌기도 하였다.[68] 그러나 일제의 엄중한 감시와 가혹한 통제로 인해 여타 화교들의 친일활동을 넘어서기에는 경미하였다.

재조 화교들은 적극적으로 부일협력의 길로 나아갔다. 1941년 12월 중일전쟁이 아시아·태평양전쟁으로 확대되면서 화교들은 영사관의 요구에 따라 친일활동에 나섰다. 한국인 상층인사들과 마찬가지로 화교 상층인사들도 일제의 전쟁 협력 강요를 뿌리칠 수 없었기 때문이다. 오히려 생존을 도모하기 위해 일제 협력에 적극 앞장섰다. 1943년 12월 여선중화상회연합회는 이른바 대동 아전쟁 발발 2주년을 맞이하여 "조선 화교들이 충심으로 감사하며 후방에서 노력할" 것을 다지는 맹세문을 발표하였다.[69] 또한 화상들은 전국적으로 영사관의 주도 아래 헌금 운동을 벌였다.

〈그림 16〉 인천 중국영사관이 1944년에 발급한 화교 여권(인천광역시립박물관 소장).

일제의 대륙 침략 후 중국인 노동자의 선택

예컨대 여선중화상회연합회는 국민정부 참전 1주년을 기념하여 참전 중국 국민으로서의 적성赤誠을 모아 제국 육해군에 전투기 한 대씩을 헌납하기로 결정하고 1943년 말부터 헌납운동에 착수하였던바 7만 명 화교의 적극적인 협력 아래 헌납 자금 예정액 20만 원에 달하였다. 2월 3일 오전 10시 중화상회연합회장 사자명司子明 등이 군사령부를 방문하고 전투기 자금 10만원을 헌납하고 나머지 10만원은 5일 경성부 해군무관부에 헌납하였다. 당시 사자명은 《매일신보》 1944년 2월 4일자를 통해 다음과 같이 말하였다.

일본과 중국은 형제의 관계에 있는 만치 아세아의 흉적 미영을 끝까지 격멸하고야 말겠다는 염원으로 자진하여 이번 운동을 일으킨 것입니다. 한 대라도 더 많이 비행기를 전선으로 보내어 금년에야말로 동아인의 원수인 미영을 기어코 무찔러버리려는 비장한 결심이 있을 뿐입니다.[70]

각지 화교들도 마찬가지였다. 예컨대 부산 화상들은 1944년 1월 8일 일제가 비행기를 구매하는 것을 돕기 위한 헌금운동을 벌여 중국인의 참여를 독려하고 부산 영사관의 지도를 요청하였다.[71] 이 대화상들은 모두 4,500원을 모았는데 그 가운데 3,000원은 일본이 비행기를 구매하는 데 헌금하고 나머지 1,500원은 왕정위 정권에 헌금하였다. 1944년 2월에는 중화상회연합회가 이른바 대동아전쟁을 찬양하는 성명서를 발표하기도 하였다.[72] 중국 국민당 정부의 영향력이 급격히 약화되면서 일부 화교들이 생존하기 위해 부일협력에 앞장섰던 것이다. 또 이들 화교는 실행위원회를 조직하였으며 이어서 지방 재주 화교들과 유기적으로 연계하여 일본 정부에 적극 협력할 것을 요구하였다. 아울러 경성중화상회는 경성화교근로정신대를 경찰서 관할별로 조직하였다.[73] 즉 경성중화상회 이사장 사자명이 1944년 6월 6일 경성부 노무과를 방문하여 경성 화교 청년들로 경성화교근로정신대를 조직하였는데 하루에 500명 동원도 가능함을 진정하였다. 여기에는 일본인들이 참여하여 지도하였다.

이어서 패망 직전인 1945년 1월 여선중화상회연합회는 이른바 '중국 참전 만 2주년 기념일'에 맞추어 성명서를 발표하였다.[74] 중화상회연합회는 '대동아전쟁'에 적극 협력하고 "태평양의 방파제로서 대아주大亞洲의 수호신인 맹방 일본의 감투노고敢鬪勞苦에 최대의 경의를 표하고 황군장병 각위에게 충심으로 감사감격의 적성赤誠을 올린다."라고 하였다.[75] 또 1945년 7월 24일 일제의 주도로 경성부민관에서 개최된 아세아민족분격대회에서는 중국 국민당 경성지부의 설치를 한때 주도했던 정유분鄭維芬이 "왕도문화의 위대성과 국부國父의 예언"이라는 제목으로 강연하기도 하였다.[76] 이처럼 화교들은 상인들을 중심으로 영업을 유지하기 위해 일제에 적극 협력하였다.

그러나 일부 지역에서는 화교들의 이러한 친일 행위에 반발하기도 하였다. 군산의 경우, 이러한 움직임이 두드러졌다. 군산 주변에서 농사를 짓던 일부 화교들은 소수 상인들의 이러한 친일 협력 행위에 반발하여 여타 상인들과 연대하여 대항하였다. 또한 이들은 일제 당국의 반대에도 화교 학교 설립 운동에 앞장섰다.[77] 특히 면포 도매상 유풍덕裕豊德과 면생동錦生東의 지원이 매우 컸다. 이들 상점은 설립 기금의 70퍼센트를 감당하였다. 비록 이들의 학교 설립 운동이 친일파 화교의 농간으로 그 과실을 빼앗겼지만 후일 이 학교가 군산의 어린 화교들뿐 아니라 대전 이남의 어린 화교들이 입학하여 수학함으로써 청년 화교로 성장하는데 디딤돌이 되었다는 점에서 의미가 컸다.[78] 아울러 우강의于江義를 비롯한 일부 식자층은 열악한 화교들의 처지를 대변하여 일제 경찰에 맞서기도 하였다.[79]

군산부 화교 사회가 이처럼 대립·분열되는 가운데 군산부청 인근에서 대형 음식점을 경영하던 우○○가 일제의 지원으로 1942년에 군산부 중화상회 회장으로 선출되었다.[80] 이에 화교 농민들이 중화상회 사무실을 습격하여 물리적 충돌이 일어났다.

그러나 일제의 지원이 컸던 까닭에 이 상인은 자리를 지킨 것으로 보인다. 군산부 화교 사회의 이러한 극심한 대립과 충돌은 이후 커다란 후유증을 남기며 한국의 해방을 맞기에 이르렀다.

<그림 17>
1938년 《동아일보》에 실린 〈왕서방연서〉 광고.

한편 화교에 대한 한국인들의 부정적 인식은 여전하였다. 중일전쟁 직후 1938년 2월에 발표된 김정구의 우스개 노래인 만요漫謠 〈왕서방연서〉는 한국인 대중의 이러한 인식을 반영하듯 널리 유행하였다. 특히 발표 시점이 중일전쟁 직후여서 이 노래에 한국인과 중국인 사이를 이간질하려는 일제의 의도가 숨겨져 있지 않나 하는 의심이 들게 한다. 레코드 업자들이 한국인 대중들의 반중국인 정서에 편승하여 노래를 히트시키려는 의도가 담겨 있을지도 모른다. 어쨌든 화교에 대한 한국인 대중의 부정적인 정서가 가수의 코믹한 제스처와 더불어 이 노래가 널리 퍼지는 데 영향을 끼쳤음은 분명하다. 가사는 이러하다.

비단이 장사 왕서방 명월이 한테 반해서
비단이 팔아 모은 돈 퉁퉁털어서 다줬소

일제의 대륙 침략 후 중국인 노동자의 선택

띵호와 띵호와 돈이가 없어도 띵호와

명월이하고 살아서 돈이가 무유데 띵호와

워디가 반해서 하하하 비단이 팔아서 띵호와

비단이 팔아도 명월이 잠이가 들어도 명월이

명월이 생각이 따다유 왕서방 병들어 누워서

띵호와 띵호와 병들어 누워도 띵호와

명월이하고 살아서 왕서방 죽어도 괜찮아

워디가 반해서 하하하 비단이 팔아서 띵호와

명월이 얼굴이 띵호와 명월이 마음이 띵호와

비단이 팔아 다 줘도 명월이 돈이 안 받아

띵호와 띵호와 명월이 없어도 띵호와

명월이하고 안 살아 돈이가 많이 벌어 띵호와

돈이가 많이 벌어 하하하 비단이 팔아서 띵호와

비단 장사를 하는 화교 왕서방이 기생에게 반해서 돈을 다 날렸다는 내용이다. 그러나 가사의 속내를 들여다보면 화교들이 돈으로 한국인 여성들을 사고자 했음을 은근히 풍자하는 것이기도 하다. 한국인들이 화교 상인의 부를 부러워하면서도 그들의 비윤리적인 결혼관을 질타하고자 했음을 엿볼 수 있다.

당시 김정구는 이 노래를 부를 때 이가 빠진 중국인 분장을 하고 우스꽝스러운 제스처로 세태를 풍자하여 최고 인기가수로 떠올랐다. 이즈음 김정구가 부른 〈눈물 젖은 두만강〉은 그의 대표곡이자 대중음악사상 최고의 명곡으로 손꼽히지만, 당시 흥행에 성공한 건 김진문 작사, 박시춘 작곡의 〈왕서방연서〉였다.[81] 당시 김정구는 노래를 코믹하게 부를 뿐 아니라 손짓발짓을 곁들이곤 했다. 기존의 부동자세로 부르던 가수들에게 익숙했던 대중에게는 이 모습이 아주 신기하게 비쳤다. 어린이들도 "띵호와 띵호와" 하고 떠들며 부를 정도로 대박이었다.

뒷이야기

떠나가는 화교, 남아 있는 화교

1945년 한국인은 일제의 통치로부터 해방되었다. 그것은 한국인과 화교의 새로운 관계를 예고하였다. 한국인은 일제의 통치 밑에서는 화교에 대한 자주적인 정책을 제대로 구사하지 못했다. 오로지 경제상의 불이익과 정서상의 반감을 화교에 대한 직접적 폭력과 언론매체를 통해 표출하거나 간혹 화교배척폭동으로 해소하고는 이내 마음속에 간직하였다.

그러나 일제의 패망으로 한국인의 이러한 잠재된 불만이 다시금 분출하기 시작하였다. 당시 미군정도 한국인과 화교 사이에서 알력이 심각하였음을 인정하였다.[1] 해방 직후 서울에서 한국인이 화교의 집에 들어가 발포하기도 하고 1947년 전주에서 화교가 한국인에게 폭행을 당해 사망하기도 하였다.[2] 특히 중국에서 귀국한 한국인들이 늘어나면서 중국인을 배척하는 행동이 잦아졌다. 이들 귀환 한국인은 중국 거류 시절에 중국인 관리와 민인들로부터 형편없는 대우를 받아 중국인에 대한 반감이 컸기 때문이다.

하지만 미군정 당국은 한국에 남아 있는 화교들을 보호하는 데 힘을 기울였다. 중화민국 정부의 요청을 고려하여 그들을 연합국민의 일원으로 보았기 때문이다.[3] 한국인과 화교 사이에 충돌이 일어나도 관련 보도가 확산되지 않았다. 중화민국 정부와 한국인의 반목을 원치 않았던 미군정이 적극적으로 언론 통제를 했던 것이다. 한국 언론도 만주에 남아 있는 재중 동포의 안위를 우려하여 한중 민인들의 갈등을 부인하는 기사로 일관하였다.[4] 오히려 유풍덕을 경영하다가 일제의 친일협력 요구를 거부하여 돌아간 주신구가 한국으로 돌아오자 한국 언론들은 그를 '조선 독립의 협력자'로 예찬하였다.[5]

화교 중에서 조선에 생활 기반이 없었던 노동자들이 대거 본국으로 귀환하면서 한국인 노동자와의 일상적인 충돌이 줄어들었다. 전시동원을 위한 각종 공사가 중단되면서 노동력에 대한 수요가 대폭 감소함으로써 한국인 노동자와 중국인 노동자의 접촉 자체가 줄었기 때문이다. 1948년 5월까지 귀환한 중국인은 도합 1,940명이었는데 대다수가 노동자들이었다.[6] 물론 이 중에는 중화민국 정부가 특별히 요청한 왕정위 정권하 영사관의 관리 및 가족들이 포함되었다. 이들은 본국으로 송환되어 한간漢奸으로 처벌되어야 했기 때문이다.[7]

그 밖에 화교 지도자들이 김구, 이승만 등 한국 독립운동 지도자들을 방문하여 친선을 약속하면서 한국인과 화교 간의 충돌이 전면으로 확산되지 않았다.[8] 심지어 일부 신문은 10월 10일 쌍십절을 경축하는 화교소학교의 운동회를 보도하면서 한중 우의의 역사를 부각했다.[9] 이 행사에는 화교 4,000명이 운집하였고 외빈으로 한국 임시정부 최동오와 여자국민당 김선이 참석하여 축사하였다.

그러나 한중 노동자 간 직접적 충돌은 줄어든 반면 한국인과 화교 무역상의 갈등은 오히려 심화되어 가고 있었다. 당시 일본의 패망으로 일본인들이 귀국하는 데다가 한국 경제를 일본 경제권으로부터 탈피시키려는 미군정의 방침에 따라 한일 무역이 통제되는 가운데 한국의 대중국 무역 의존도가 높아졌고 이에 따른 화교 무역상의 입지 강화로 한국인 상인과 화교 상인의 이해관계상 충돌을 피할 수 없었기 때문이다.[10] 화교 상인들의 부활은 한국인 상인을 위기로 몰아넣었던 것이다.

이러한 현상은 당시 무역상을 비롯하여 각종 화교 상공업자 사업장의 증가에서 확인할 수 있다. 예컨대 서울의 경우, 무역상

뒷이야기

사업체가 광복 이전에는 4개에 불과했지만 1948년 8월 15일 이후에는 무려 15개로 증가하였으며 잡화상 사업체도 17개에서 44개로 증가하였다.[11] 요식업은 경기를 잘 타기 때문에 말할 나위도 없었다. 당시 한국인들은 "8·15 이후 약 3년간에 신설한 화교점포만 하여도 그들이 약 70년간에 걸쳐 닦아놓은 발전정도 이상이 되는 형편이다."라고 평할 정도였다.[12] 이후에도 화교 점포가 성장을 거듭하면서 해방 후 1949년에 걸쳐 국내 화교 자본은 무려 40억 원에 이르렀다.[13]

조선은행 조사부는 『1949년 경제연감』을 편찬하면서 해방 후 3년간 한국 화교 경제의 의미와 한국 경제에 미치는 부정적 영향을 다음과 같이 기술하고 있다.

그들 재한화교는 8·15 일본 패망을 호기로 금일에 이르기까지 3년간 한국의 복잡한 정치적 동향을 도외시하고 경제적으로 혼란된 간극을 이용하여 그들의 경제적 기반조성에만 급급하여 온 결과 드디어 한국경제계에서 소홀히 볼 수 없는 지반을 이룩하고 말았다. 그들의 한국경제에 점한 바 비중은 결코 경시하지 못할 현상으로 도시와 농촌을 막론하고 유리한 적산敵産을 광범위로 조차租借하고 대외적으로는 수출입무역에 당하여 정당한 수속과 정당한 절차를 밟고서 하는 무역은 물론이거니와 이와 동시에 그들 본국의 정치경

제기구의 혼란된 사태와 연부連附하여 무궤도無軌道적 거래를 철저차

광폭적徹底且廣幅的으로 전개하였으므로 8·15 이전의 쇄침鎖沈하던

정세와 역비례로 재한화교사상 광고曠古의 경제적 세력을 형성함에

이르렀다.[14]

재한 화교들이 한국의 정치경제적 혼란을 틈타 적산 가옥 조

차와 온갖 탈법을 통해 해방 이전과 비교할 수 없을 정도로 많은

부를 축적하였음을 비판하고 있다. 그리고 재한 화교들의 무역

거래에서 나타나는 문제점을 예로 들면서 다음과 같이 한국 경

제에 미치는 부정적 영향을 신랄하게 지적하였다.

수입물자를 가지고 들어온 그들은 그들의 매판화한 한국인 뿌

로-카들과 결탁하여 대부분 한국정부의 사정가격査定價格을 무시한

암거래로 처분하고 반면에 한국정부가 지시한 수출대상물자 대신

에 수출금지품목인 부정품을 구하여 가는 행위는 국내암거래를 조

장하고 물자를 등귀시킬 뿐만아니라 건전한 외국무역의 발전을 저

해하고 있는 것이다. 특히 미화美貨의 매점은 현 남한제도하에서는

미불美弗의 무제한한 수입을 초래하게 될 것이며 한국화폐가치의 저

락은 장차 국제환율을 정하는데 있어서 불리한 조건이 될 것으로

보인다.[15]

한마디로 재한 화교는 밀수와 암거래의 주체이고 한국 화폐의 가치를 떨어뜨리는 주범이라는 말이다.

이러한 지적은 한국 정부의 공식적인 인식을 반영할뿐더러 한국 여론이 제기한 데서도 확인할 수 있다. 《조선일보》의 경우, 1949년 12월 10일 "민족자본육성과 외상外商"이라는 사설에서 한국인 무역상과 화교 상인들의 불공정한 경쟁을 언급하면서 화교 상인을 민족자본 육성을 위협하는 존재임을 강조했다.

상술에 능한 그들(화교상인—필자 주)은 그러한 거액의 자본을 온갖 수단과 방법을 통해 미화와 금괴로 보유하고 있다. 또한 기존의 대외무역의 중심지가 홍콩이기 때문에 그 지역 사정에 밝고 거액의 자본을 소유하고 있는 그들은 수입품을 염가로 구득할 수 있음으로 해서 판매도 비교적 염가 처분할 수 있는 특점을 가지고 있는지라 한국의 무역상은 그들과 도저히 경쟁할 수 없게 된다는 것이다.[16]

그리하여 《경향신문》은 1948년 7월 15일 기사에서 이미 다음과 같이 화교들이 한국의 자립경제를 막는 주범으로 인식하고 대책을 세울 것을 요구하고 있다.

경제적 자립이 없는데 민족적 자주독립이 있을 수 없다는 것은

이주노동자, 그들은 우리에게 어떻게 다가왔나

이미 묵은 명제이거니와 해방이 꾸준히 계속되는 국내혼돈으로 말미암아 조선경제계 안전의 원칙적 조건 가운데 하나가 되는 무역부문이 설룸바리 상태에서 인제는 외국인의 손에 영도권이 잡히어 지고 있는 기현상은 민족의 장래를 위하여 시급히 국가적으로 문제를 삼지 않아서는 안될 형편에 있다.[17]

이에 이승만 정부 역시 화교 상인이 한국 경제에 미치는 악영향을 줄이기 위해 1949년 12월 대통령 기자회견에서 화교 상인의 밀무역과 부정행위를 근절시키겠다는 답변을 내놓았다.[18] 이어서 검찰청에서는 인천에 검사를 파견하여 화교들의 밀수품 적발에 총력을 기울여 많은 물품을 찾아냈다.[19] 당시 화교 상인들은 면사, 생고무, 신문용지 등을 창고에 장기 보관하면서 물가앙등을 기다려 판매하고자 하였던 것이다.

한국 정부의 이러한 조치들은 화교 경제를 약화시키는 요인이 되었다. 이어서 「국적법」, 「외국인의 출입국과 등록에 관한 법률」 등의 제정을 통해 화교들의 활동을 규제하기 시작하였다.[20] 더욱이 중화인민공화국 정부가 1949년 10월 수립되면서 화교들의 경제적 기반은 물론 정치외교적 기반마저 무너져 내렸다.

남아 있는 화교들은 6·25전쟁 시기에 미군의 심리전 방침에 따라 중공군을 대상으로 전단을 제작·살포하는 데 관여하거나 중공군 포로들을 심문하는 일에 참가해야 했다.[21] 심지어 전쟁에 참전하여 중공군과 싸우거나 정보 수집에 적극 나서야 했다. 한국인과 함께 화교들도 반공주의 대열에 서 있는 이상 동족상잔의 비극을 피할 수 없었던 것이다.

냉전질서 속에서 화교들이 이렇게 반공주의로 한국인과 연결되어 있었지만 화교에 대한 한국인들의 인식은 여전히 일제 강점기 때와 별반 다를 게 없었다. 오히려 화교 상인들의 온갖 밀무역, 부정거래 등으로 말미암아 좀더 부정적인 방향으로 변해갔다. 1950년대 인천 중국인 거리에서 살았던 오정희는 훗날 「중국인 거리」라는 단편 소설에서 중국인에 대한 한국인의 이미지를 다음과 같이 묘사했다.

우리는 찻길과 인도를 가름짓는 낮고 좁은 턱에 엉덩이를 붙이고 나란히 앉아 발장단을 치며 그들을 손가락질했다.

아편을 피우고 있는 거야, 더러운 아편쟁이들.

정말 긴 대롱을 통해 나오는 연기는 심상치 않는 노오란빛으로 흐트러지고 있었다.

늙은 중국인들은 이러한 우리들에게 가끔 미소를 지었다.

통틀어 중국인 거리라고 불리는 동네에, 바로 그들과 인접해 살고 있으면서도 그들 중국인에게 관심을 갖는 것은 아이들뿐이었다. 어른들은 무관심하게 그러나 경멸하는 어조로 '뙤놈들'이라고 말했다.

우리는 그들과 전혀 접촉이 없었음에도 언덕 위의 이층집, 그 속에 사는 사람들은 한없이 상상과 호기심의 효모였다.

그들은 우리에게 밀수업자, 아편쟁이, 누더기의 바늘땀마다 금을 넣는 쿨리, 그리고 말발굽을 울리며 언 땅을 휘몰아치는 마적단, 원수의 생 간을 내어 형님도 한 점, 아우도 한 점 씹어 먹는 오랑캐, 사람 고기로 만두를 빚는 백정, 뒤를 보면서 바지도 올리기 전 꼿꼿이 언 채 서 있다는 북만주 벌판의 똥덩어리였다. 굳게 닫힌 문 안쪽에 있는 것은, 십 년을 사귀어도 좀체 내비지 않는다는 깊은 흉중에 든 것은 금인가, 아편인가, 의심인가.[22]

화교에 대한 한국인의 부정적 이미지는 '아편쟁이', '뙤놈', '밀수업자'라는 폄칭에서도 볼 수 있듯이 화교가 이 땅에 들어온 이래 수많은 세월이 흘렀건만 켜켜이 쌓여 좀처럼 흩어지지 않았던 것이다. 오히려 이러한 이미지는 노동자를 비롯한 한국인들의 위기가 가중되고 자립경제의 전망이 불투명하면 할수록 더욱더 또렷해져 갔다. 이러한 격랑 속에서 살아온 한국인 대중은 끊임없이 화교에 대한 역사적 경험을 당면 현실 속에서 되씹으면서 오랜 소망이었던 민족경제의 자립을 향하여 뚜벅뚜벅 나아가야 했다. 반면에 이 땅에 남아 있는 화교들은 여전히 고단하게 살아가면서 꿈을 꾸고 있는 한국인 대중의 삶과 직면하면서 한국 정부의 각종 화교 활동 규제책을 감당해야 했다.

그리고 드디어 1960년 4·19혁명을 전후하여 민족경제의 자립에 대한 희망을 품으며 한국인들은 도약을 향한 길에 올라섰다. 이 가운데 수많은 한국인 노동자들이 저임금과 열악한 노동 여건에도 불구하고 고도의 경제성장을 이끄는 견인차 역할을 묵묵히 해왔다. 심지어 일부 노동자들은 국내에 머무르지 않고 해외로 나가 피땀을 흘렸다. 예컨대 이들은 서독에 광부로, 간호사로 파견되어 온갖 고통을 이겨내며 일함으로써 6·25전쟁으로 파괴된 한국 경제를 일으키는 데 원동력을 제공하였고 사막의 나라 중동에서 열사의 더위를 참아가며 조국의 경제 발전에 기여하였던 것이다. 오늘날 한국 경제의 결실은 농어민, 기업가, 자영업자, 관료들은 말할 것도 없고 무엇보다 한국의 산업화에 열정을 바친 이들 노동자의 힘이 원천이었음을 부인할 수 없다.

그러나 언제부터인가 이들 노동자의 임금이 낮지 않다는 이유로 기업에서 배척을 당하고 대신 그 빈자리는 이주노동자들이 채우기 시작하였다. 물론 누군가가 주장하듯이 3D산업에 대한 한국인들의 기피가 이런 상황을 불러들인 주요 요인일 수 있다. 하지만 그것은 원천적으로 대기업이 중소기업을 수직계열화한

하청구조에서 비롯되었다는 또 다른 반론에 비추어볼 때, 이러한 하청구조의 해체를 통해 열악한 노동 여건을 얼마든지 개선할 수 있다는 대안이 나올 수 있다. 오늘날 이른바 협력업체에서 빈번하게 일어나고 있는 노동자의 산업 재해는 대기업이 비용을 무리하게 절감하려는 노력과 무관하지 않다는 점은 이를 잘 보여주고 있다.

현재 '이주노동자 100만 명 시대'에 진입했다는 말이 과장된 표현이 아닐 정도로 많은 이주노동자들이 저임금과 가혹한 노동 여건에도 불구하고 수많은 산업 현장에서 일하고 있다. 그리고 정부와 지방자치단체는 이러한 추세가 거스를 수 없는 대세임을 강조하면서 온갖 '다문화 정책'을 시행하고 있고 다수의 언론 매체들은 다문화 관련 보도와 프로그램을 쏟아내고 있다. 혹시 여기에는 1920년대 일본인 자본가와 윤치호를 비롯한 사회 주도층의 언설에 숨어 있듯이 이주노동자의 삶을 옹호하는 척하면서 정작 자본의 이익을 지키려는 의도가 있지 않을까? 나아가 자본가들이 국내 노동자와 이주노동자의 대립 및 갈등을 이용하여 영향력을 발휘하고 있다는 비판도 경청할 필요가 있다.

물론 우리 사회의 다문화 추세는 거역할 수 없는 방향이고 이주노동자의 인권 및 노동권 신장에 대한 노력은 재삼 강조해도 지나치지 않는다. 그러나 이주노동자의 증가를 초래하고 열악한 노동 여건을 재생산하는 경제적·사회적·정치적 여러 요인에 대한 역사적·사회적 통찰과 정치경제적 분석이 수반되지 않는다면 이러한 정책들은 오히려 문제의 본질은 회피한 채 현상을 유지하는 데 급급한 단기적 처방일 수 있다.

그런 점에서 오늘날 프랑스와 독일을 비롯한 여러 나라에서 드러나는 다문화 정책의 한계는 우리에게 무엇을 의미하는가를 다시금 곱씹어야 한다. 그리고 이럴 때 90여 년 전 노동력의 자유로운 이동이 본격화한 시대에 이 땅에 들어왔던 중국인 노동자들이 한국인들에게 어떤 영향을 미쳤는지 그리고 그 속에서 일본인 자본가를 비롯한 사회주도층은 무엇을 얻었는지를 냉정하게 들여다보아야 할 것이다. 역사는 죽어 있는 과거가 아니라 오늘날에도 되살아나 우리가 무엇인가를 깨닫기를 원하고 있기 때문이다.

주석

머리말

1 관용론과 현실론에는 각각 내부에 민족주의 해체를 근저로 삼고 있는 뉴라이
트 계열과 급진좌파 계열, 민족주의 고수를 근저로 하는 좌파 민족주의 계열과
우파 민족주의 계열 등 다양한 정치·사회집단의 여러 갈래 목소리가 담겨 있
다. 다만 이 책에서는 이들 다양한 집단의 이주노동자 문제에 대한 인식과 해결
방향을 분석 대상으로 삼고 있지 않은 까닭에 이주노동자에 대한 태도를 기준
으로 삼아 양자로 구분하였다. 이와 관련하여 보수세력의 다문화 정책을 다룬
강미옥, 『보수는 왜 다문화를 선택했는가 : 다문화 정책을 통해서 본 보수의 대
한민국 기획』, 상상너머, 2014 참조.

1장

1 高承濟, 「華僑對韓移民의 社會史的研究」, 《白山學報》 13, 1972, 151쪽 ; 박정현,
「1882~1884년 조선인과 중국인의 갈등 해결방식을 통해 본 한중관계」, 《중국근
현대사연구》 45, 2010, 5~6쪽.
2 김희신, 「청말(1882~1894년) 한성 화상조직과 그 위상」, 《중국근현대사연구》
46, 2010, 57쪽.
3 靑山好惠, 『인천사정』, 1892, 11쪽.
4 명동천주교회 편, 『명동성당건축사』, 1988, 23쪽.
5 고승제, 앞 논문, 166쪽 ; 수산 탁, 『화교』, NHK북, 1974, 38~41쪽 ; 필립 A. 쿤,
『타인들 사이의 중국인 : 근대 중국인의 동남아 이민』, 이영옥 옮김, 심산출판
사, 2014, 148~150쪽.
6 최승현, 『화교의 역사 생존의 역사』, 화약고, 2007, 45쪽.
7 최승현, 위 책, 50~52쪽 ; 강준만, 『미국은 세계를 어떻게 훔쳤는가』, 인물과사
상사, 2013, 29~38쪽.

8 박정현 외, 『중국 근대 공문서에 나타난 韓中關係』, 한국학술정보, 2013, 148~149쪽.

9 『駐韓日本公使館記錄』1, 2. 전라민요보고 궁궐내 소요의 건 2, (32) 探報書, 1894. 6. 20.

10 이은자, 「韓淸通商條約 시기(1900-1905), 중국의 在韓 治外法權 연구」, 《明淸史研究》6, 2006.

11 조선총독부, 『조선에서 지나인』, 1924, 174쪽. 이와 관련하여 전우용, 「한국인의 화교관」, 《실천문학》63, 2003, 85쪽 ; 馬仲可, 『山東華僑硏究 : 僑居韓半島一世紀의 中國人』, 新星出版社, 2005, 86쪽 ; 김영수, 「식민지 조선의 방역대책과 중국인 노동자의 관리」, 《의사학》23-3, 2014, 407~408쪽.

12 명동천주교회 편, 앞 책, 23쪽 ; 인천광역시 역사자료관 역사문화자료실, 『테마로 찾아보는 인천 개항장 역사기행』, 2007, 52쪽 ; 인천부청. 『인천부사』, 1933, 715쪽.

13 조선광업회, 《조선광업회잡지》2-5, 1919년 5월호, 53쪽.

14 고승제, 앞 논문, 166쪽 ; 李培鎔, 『舊韓末 鑛山利權과 列强』, 韓國硏究院, 1984. 96쪽.

15 조선은행, 《조선은행월보》, 1912년 12월호 부록. 이와 관련하여 이배용, 앞 책, 98쪽 참조.

16 《대한매일신보》, 1910. 5. 7.

17 양세욱, 『짜장면면(傳) : 시대를 풍미한 검은 중독의 문화사』, 프로네시스, 2009, 126쪽 ; 유중하, 『화교문화를 읽는 눈 짜장면』, 한겨레출판, 2012, 79~85쪽.

18 同順泰에 관해서는 강진아, 「韓末 債票業과 同順泰號 : 20세기 초 동아시아 무역 네트워크와 한국」, 《中國近現代史硏究》40, 2008 ; 강진아, 「근대전환기 한국 화상의 대중국 무역의 운영방식 : 『同順泰寶號記』의 분석을 중심으로」, 《東洋史學硏究》105, 2008 ; 이시카와 료타로, 「조선 개항 후 중국인 상인의 무역활동과 네트워크」, 《역사문제연구》20, 2008 ; 졸고, 「일제하 군산부 화교의 존재형태와 활동양상」, 《지방사와 지방문화》13-2, 2010.

19 조선총독부, 『조선에서 지나인』, 1924, 115~116쪽.

20 楊昭全·孫玉梅, 『朝鮮華僑史』, 中國華僑出版公司, 1991, 133~136쪽.

21 《황성신문》, 1910. 9. 14.

이주노동자, 그들은 우리에게 어떻게 다가왔나

22 《대한매일신보》, 1910. 9. 14.

23 온건 개화파라 할 閔泳翊의 경우도 대원군의 배제 방침에 대해서는 동의하지만 급진 개화파와 마찬가지로 청국의 내정 간섭에 대해서는 심히 반발하였다. 鄭喬, 『大韓季年史』上, 卷1, 高宗 20年 癸未 11. 17. 이와 관련하여 노대환, 「민영익의 삶과 정치활동」, 《韓國思想史學》18, 2002, 473~474쪽 ; 岡本隆司, 『미완의 기획, 조선의 독립』, 강진아 옮김, 소와당, 2009, 132~133쪽 참조.

24 閔斗基, 『中國近代史研究』, 補論 「熱河日記」에 비친 淸朝의 韓人統治策, 一潮閣, 1973.

25 金正起, 「大院君 拉致와 反淸 意識의 形成」, 《韓國史論》19, 1988.

26 되놈 의식은 민중의 언어 관습에도 그대로 반영되었다. 함경도의 경우, '되놈'은 '무서운 것'이라는 생각으로 어린아이들을 달랠 때 수시로 쓰는 보통말이었다. 《동아일보》, 1924. 1. 15.

27 白永瑞, 「大韓帝國期 韓國言論의 中國 認識」《歷史學報》153, 1997(『동아시아의 귀환 : 중국의 근대성을 묻는다』, 창작과 비평사, 2000 所收).

28 《독립신문》, 1896. 9. 12.

29 《독립신문》, 1897. 12. 21.

30 『이인직 소설선 혈의 루』, 권영민 책임 편집, 문학과지성사, 2007, 13~14쪽.

31 朴殷植, 『韓國痛史』, 「日之平壤大戰」, 大同書局, 1915.

32 이에 관해서는 차태근, 「'중국'의 시각: 조선, 대한제국, 그리고 '일본의 조선'—1870년부터 1919년까지 신문, 잡지 등 언론매체를 중심으로」, 《중국학논총》16, 2003, 150쪽 참조.

33 《독립신문》, 1896. 5. 21.

34 위와 같음.

35 《大阪朝日新聞》, 1909. 7. 7. 이와 관련하여 李正熙, 『朝鮮華僑와 근대 동아시아』, 京都大學術出版會, 2012, 388~389쪽 참조.

36 李玉蓮, 『인천 화교 사회의 형성과 전개』, 인천문화재단, 2008, 93~97쪽.

37 小田內通敏, 『朝鮮에서 支那人의 經濟的 勢力』, 東洋研究會, 1925, 18~20쪽. 이와 관련하여 김영신, 「開港期(1883~1910) 仁川港의 對外交易과 華僑의 役割」, 《仁川學研究》2-1, 2003, 174쪽 ; 石川亮太, 「開港期 漢城에서 朝鮮人·中國人間의 商去來와 分爭—「駐韓使館檔案」을 통해」, 《年報 朝鮮學》10, 2007 참조.

38 《대한매일신보》, 1907. 12. 1.

39 《대한매일신보》, 1908. 9. 2.

40 김승욱, 「20세기 전반 한반도에서 일제의 노동시장 관리」, 《중국사연구》 85, 2013, 167쪽.

41 京畿道 京察部 編, 『京畿道京察例規聚』, 조선경찰협회경기지부, 1927, 46쪽.

42 1910년과 1916년을 비교할 때 일본인이 87퍼센트 증가하였다면, 중국인은 43퍼센트 증가하였다. 당시 한국인은 23퍼센트 증가하였다(『朝鮮經濟年鑑』, 1917). 이후에도 사정은 마찬가지여서 지속적으로 증가하였다.

43 小田內通敏, 앞 책, 175~176쪽.

44 조선총독부, 앞 책, 1924, 62~65쪽.

45 위 책, 1924, 67~68쪽.
고양군 은평면의 경우, 벽돌공장에서 일하는 중국인 노동자가 100여 명이었다. 이들 노동자는 한국인 노동자와 격투하여 경찰이 출동하기도 하였다(《동아일보》, 1922. 5. 11).

46 조선총독부, 《조선총독부통계연보》, 1916 ; 조선총독부, 앞 책, 1924, 3~22쪽.

47 이옥련, 앞 책, 149~152쪽.

48 위 책, 159쪽.

49 1920년대 후반 사회간접자본시설 투자에 관해서는 김재호, 「식민지기의 재정지출의 사회간접자본의 형성」, 《경제사학》 46, 2009, 109쪽 참조.

50 도리유미 유타카, 「일제하 일본인 청부업자의 활동과 이윤창출」, 서울대학교 박사학위논문, 2013, 156쪽.

51 《조선일보》, 1928. 2. 20. ; 《동아일보》, 1928. 11. 16.

52 武居鄕一, 『만주의 노동과 노동정책』, 巖松堂書店, 1941, 161~171쪽. 이와 관련하여 이상의, 『일제하 조선의 노동정책 연구』, 혜안, 2006, 41쪽 참조.

53 小田內通敏, 앞 책, 49쪽.

54 물론 공식적인 통계에 따르면 1920년대 전체 화교 중에서 노동자가 차지하는 비율은 50~60퍼센트대로 추정되고 있다. 이에 관해서는 『제국의회설명자료』를 인용한 김승욱, 「20세기 전반 한반도에서 일제의 노동시장 관리—중국인 노동자를 중심으로」, 《중국사연구》 85, 2013, 162쪽 참조.

55 《동아일보》, 1925. 11. 1.

56 王正廷,『朝鮮華僑槪況』, 參考書籍, 1930, 22쪽.

57 「在朝鮮支那人鑛夫調査에 관한 건」, 1928. 9. 14, 국가기록원 소장문서.

2장

1 《매일신보》, 1931. 3. 17.

2 吉田壽三郎, 1928,「朝鮮에 出入하는 支那勞動者의 槪況」,《朝鮮鐵道協會會誌》 7.

3 小山淸次,『지나노동자연구』, 東亞實進社, 1919, 40~41쪽.

4 小田內通敏,『조선에서 지나인의 경제적 세력』, 東洋硏究會, 1926, 43쪽.

5 고력두의 역할과 권리에 관해서는 위 책, 45~52쪽 ; 이옥련, 앞 책, 164~167쪽 참조.

6 小田內通敏, 앞 책, 48~49쪽.

7 王正廷,『朝鮮華僑槪況』, 參考書籍, 1930, 26쪽.

8 《매일신보》, 1936. 11. 12.

9 이때 '방(幫)'이라는 글자는 같은 방언을 공유하는 특정 현이나 성 출신의 이민자 소집단에 사용되는 것으로 "돕는다 방(幫)"이라는 글자와 같고, 타지에서 같은 마을 출신끼리 서로 돕는 동향인의 전통적인 정신을 보여준다(필립 A. 큔,『타인들 사이의 중국인 : 근대 중국인의 동남아 이민』, 이영옥 옮김, 심산출판사, 2014, 209쪽).

10 『東萊港報牒』(奎 17867-2), 1책, 1897. 1.

11 이후이기는 하지만 1935년 현재 서소문정에 거주하는 중국인은 1,635명으로 경성부에서 가장 많았다. 특히 한국인과 일본인 거주자가 각각 451명과 642명인 점과 비교하면 중국인 거주자는 대단히 많은 수치이다. 그런 점에서 서소문정은 가히 차이나타운이라고 불릴 만하다. 따라서 이곳에 회관을 설립한 것도 중국인들이 다수 거주한다는 점과 관련된 것으로 보인다. 다음은 태평통 2정목으로 904명에 이른다. 경성부 정동별 중국인 거주자와 관련하여서는 京城府,『朝鮮國勢調査』, 1936, 100~120쪽 참조.

12 京城府,『京城府史』, 권3, 1934, 515쪽.

13 이에 관해서는 李正熙,「식민지조선에서 중국인의 상업네트워크─吳服商을 중심으로」,《全球化下華僑華人轉變》10, 2007 ; 李正熙,「近代朝鮮에서 山東幫華

商의 通商網―大手吳服商을 중심으로」, 《新戶華僑華人研究會創立20周年記念誌》10, 2008.

14 譚永盛, 「조선말기의 청국상인에 관한 연구―1882년부터 1885년까지」, 단국대학교 석사학위논문, 1978, 65쪽 ; 김희신, 「청말(1882-1894년) 한성 화상조직과 그 위상」, 《중국근현대사연구》46, 2010, 58~59쪽.

15 《동아일보》, 1929. 1. 27.

16 「思想問題에 關한 調査書類」, '支那 國民黨 京城支部 設置에 關한 件', 1927. 5. 4.

17 위와 같음.

18 《매일신보》, 1929. 10. 22. 이와 관련하여 이정희, 앞 책, 2012, 405~406쪽.

19 이은자 · 오미일, 「1920-1930년대 국경도시 신의주의 화공(華工)과 사회적 공간」, 《사총》79, 2013, 338~339쪽.

20 《조선일보》, 1930. 4. 17.

21 《매일신보》, 1931. 2. 16.

22 張晟栻, 「新義州大觀」, 文化堂, 1931, 49쪽 ; 《동아일보》, 1936. 1. 15. 신의주화교소학교와 신의주화공소학교에 관해서는 이은자 · 오미일, 앞 논문, 339~340쪽 참조.

23 《동아일보》, 1934. 11. 22. 운산 북진 화교소학교에 관해서는 위 논문, 42쪽 참조.

24 위와 같음.

25 이정희, 앞 책, 405~406쪽.

26 《매일신보》, 1929. 12. 29 ; 12. 30.

27 《매일신보》, 1916. 7. 16 ; 《동아일보》, 1921. 11. 4 ; 조선총독부, 앞 책, 1924, 109~111쪽 ; 小田內通敏, 앞 책, 51~52쪽.

28 小田內通敏, 앞 책, 51쪽.

29 《동아일보》, 1934. 8. 5.

30 김영근, 「1920년대 노동자의 존재 형태에 관한 연구―토목 · 건축노동자를 중심으로」, 《사회와 역사》12, 1988, 161쪽.

31 조선토목건축협회, 「朝鮮工事用各種勞動者實狀調」, 1928.

32 「朝鮮工事用各種勞動者實狀調」는 1928년 조선토목건축협회가 실시한 토건 노동자 실태 조사서이다. 이들 토건 노동자는 민족별로 한국인 428명, 일본인 123

명, 중국인 64명으로 구성되어 있으며 39개 작업장에서 노동하고 있었다. 조사는 2개월에 걸쳐 진행되었으며 다양한 직종과 많은 수의 노동자를 대상으로 이루어졌다는 점에서 이 조사 내용은 전체 토건 노동자의 대표성을 지니고 있다. 노태정은 이 가운데 19개 작업장에 참가한 중국인 노동자를 대상으로 분석하였다. 노태정, 「1920년대 재조선 중국인 노동자의 실상」, 성균관대학교 석사학위논문, 2009.

33 《동아일보》, 1927. 7. 20.

34 《동아일보》, 1929. 7. 17.

35 《동아일보》, 1927. 7. 20.

36 위와 같음.

37 조선총독부 식산국, 『조선에서 광부노동사정』, 1930, 98~99쪽.

38 《중외일보》, 1927. 8. 6 ; 《동아일보》, 1927. 8. 6.

39 《동아일보》, 1927. 7. 20.

40 조선총독부 학무국 사회과 편, 『공장과 광산에서 노동상황조사』, 1933, 89쪽.

41 《동아일보》, 1923. 8. 4.

42 《동아일보》, 1927. 6. 3.

43 《동아일보》, 1930. 10. 8. ; 新義州商工會議所, 『新義州商工案內』, 1940. 2쪽.

44 김영근, 앞 논문, 197쪽.

45 小田內通敏, 앞 책, 1924, 61쪽.

46 미상, 「勞動者의 收支」, 《동광》 27, 1931. 11.

47 조선토목건축협회, 『朝鮮工事用各種勞動者實狀調』, 1928.

48 본지기자, 「경성에서 지나인」, 《朝鮮及滿洲》 303, 1933년 2월호, 83쪽.

49 《매일신보》, 1930. 6. 11. 이와 관련하여 하명화, 「일제하(1920~30년대 초) 도시 주거문제와 주거권 확보운동」, 부산대학교 석사학위논문, 36~37쪽 참조.

50 《매일신보》, 1930. 6. 11.

51 《경성일보》, 1931. 7. 31, "京城府町洞別世帶와 人口".

52 《조선일보》, 1936. 8. 6.

53 《동아일보》, 1928. 9. 27.

54 《경성일보》, 1931. 7. 31, "京城府町洞別世帶와 人口".

55 《조선일보》, 1936. 8. 4, "膨脹京城街頭變遷記".

3장

1 도리유미 유타카, 「일제하 일본인 청부업자의 활동과 이윤창출」, 서울대학교 박사학위논문, 2013, 94~130쪽.

2 李玉蓮, 『인천 화교 사회의 형성과 전개』, 인천문화재단, 2008, 160~161쪽.

3 《동아일보》, 1928. 11. 16.

4 중국인 노동자의 임금이 한국인 노동자의 임금에 비해 결코 낮지 않다. 다만 중국인 노동자의 능률이 한국인 노동자의 경우보다 높다는 지적을 통해 單身 出稼한 중국인 노동자가 한국인 노동자에 비해 노동 통제가 쉬웠음을 추정할 수 있다. 한국인, 중국인, 일본인의 임금 비교와 노동 상황에 관해서는 朝鮮總督府, 『朝鮮部落調査報告』1, 1924, 57~59쪽 참조.

5 《동아일보》, 1925. 2. 17.

6 《조선일보》, 1926. 5. 16 ; 《조선일보》, 1929. 6. 23.

7 小田內通敏, 「조선에서 지나인의 경제적 세력」, 東洋研究會, 1926, 56~58쪽 ; 朝鮮總督府, 앞 책, 1924, 57~59쪽. 小田內通敏은 1925년 당시 舊慣制度調査委員會의 위원이자 中樞院 촉탁으로 재직하면서 지리적인 근접, 조선의 산업과 도시의 발달에 따른 노동자의 필요, 조선인 노동자의 능률이 중국인 노동자의 그것보다 떨어진다는 점을 들어 중국인 노동자의 유입을 제한하는 정책이 무의미함을 강조하였다. 小田內通敏의 경력에 관해서는 朝鮮總督府, 『朝鮮總督府 및 所屬官署職員錄 1924年度』, 1925 참조.

8 《朝鮮每日新聞》, 1928. 12. 15 ; 《西鮮新聞》, 1929. 10. 26.

9 일제는 1910년 대한제국 강점 이후 화교의 고용과 거주에 대해서도 제한을 가하기 시작하였다. 1911년 관영사업에 청국인의 고용을 통제하는 조치를 단행하였으며 1916년 10월에는 화교의 거류지를 인천, 군산, 목포, 마산, 성진 및 진남포의 각국 거류지와 인천, 부산, 원산의 구 청국 거류지 및 구 한성 5서 이내 지역과 구 평양의 성내 지역 그리고 구 성진과 신의주 지역으로 제한하였다. 小田內通敏, 앞 책, 54~55쪽. 이와 관련하여 양필승·이정희, 앞 책, 32~33쪽 참조.

10 《조선일보》, 1927. 3. 3.

11 《동아일보》, 1923. 6. 25.

12 이에 관해서는 『朝鮮工事用各種勞動者實狀調』(1928)를 분석하여 통계 처리한 金鍾翰, 「1928년 朝鮮에서의 民族別 賃金差別—土木建築關係 勞動者의 賃金格

이주노동자, 그들은 우리에게 어떻게 다가왔나

差 分解를 中心으로」,《經濟史學》24, 1998 참조.

13 《동아일보》, 1921. 2. 21 ; 1923. 6. 25 ; 1930. 2. 6.

14 국사편찬위원회, 『한국화교의 생활과 정체성』, 2007, 320쪽.

15 《매일일보》, 1918. 4. 24.

16 《동아일보》, 1921. 6. 3.

17 《매일신보》, 1925. 5. 7.

18 《동아일보》, 1925. 5. 19.

19 《매일신보》, 1926. 5. 29.

20 《동아일보》, 1923. 8. 30.

21 《매일신보》, 1925. 11. 29.

22 《조선일보》, 1925. 4. 3.

23 《동아일보》, 1926. 7. 8 ;《동아일보》, 1926. 8. 22 ;《동아일보》, 1927. 3. 5.

24 당시《동아일보》는 일제의 이러한 방관을 '視而不見'이라고 꼬집으며 일제가 중
    국인 노동자를 단속할 마음이 없음을 지적하고 있다.《동아일보》, 1927. 3. 1.

25 《동아일보》, 1924. 3. 11.

26 《동아일보》, 1927. 5. 18.

27 《동아일보》, 1925. 12. 8. 이에 관해서는 박영석, 앞 책, 64-67쪽 참조.

28 《조선일보》, 1928. 5. 3.

29 '되놈'이라는 말은 매우 심한 욕이라 생각되어 1920년대 중반 한국인 순사가 아
    낙네가 우는 어린 아이에게 달래면서 내뱉었던 되놈이라는 말을 오해하고 총
    살까지 할 정도였다.《동아일보》, 1924. 1. 15.

30 《동아일보》, 1927. 3. 28.

31 《동아일보》, 1927. 6. 28 ; 1927. 7. 8 ; 1929. 8. 12.

32 《중외일보》, 1926. 12. 12.

33 《동아일보》, 1927. 5. 6.

34 이에 관해서는 김은영, 「1920년대 전반기 조선인 노동자의 구직 渡日과 부산시
    민대회」,《역사교육》136, 2015 참조.

35 《조선일보》, 1925. 4. 11.

36 일제는 1924년 화교 상인이 수입하는 영국산 면포를 포함하는 품목에 관세
    를 10할로 부과하였다. 특히 1924년 7월 31일 공포한 「사치품 관세에 관한 법

률 24호」는 중국산 비단의 수입에 대하여 100퍼센트라는 고율 관세를 부과하였고 심지어 1924년에는 비단 수입을 금지하였다. 이러한 조치에는 화교 무역상이 수입하는 중국산 비단을 일본 상인이 수입하는 일본산 견직물로 대치하려는 의도가 있었다. 그럼으로써 1930년대 초반에 이르면 면포와 비단은 화교 상인이 중국으로부터 인천항으로 수입하는 주요 품목에 속하지 않게 되었다. 이에 관해서는 김영신, 「日帝時期 在韓華僑(1910~1931)」, 《인천학연구》 4, 2005, 226~227쪽 참조.

37 이에 관해서는 강진아, 「근대 동아시아의 초국적 자본의 성장과 한계 : 재한화교기업 同順泰(1874?~1937)의 사례」, 《慶北史學》 27, 2004 ; 강진아, 「근대전환기 한국화상의 대중국 무역의 운영방식 : 『同順泰寶號記』의 분석을 중심으로」, 《東洋史學硏究》 105, 2008 참조.

38 《동아일보》, 1922. 4. 17 ; 《동아일보》, 1922. 8. 22 ; 《동아일보》, 1922. 9. 14 ; 《동아일보》, 1923. 2. 10. 이와 관련하여 山脇啓造, 『근대일본의 외국인노동자문제』, 明治學院國際平和硏究所, 1993, 73~80쪽 참조.

39 《朝鮮每日申聞》, 1925. 12. 10.

40 《매일신보》, 1930. 8. 18.

41 《京城日報》, 1929. 1. 25. 당시 중국인 노동자는 프롤레타리아 국제주의정신을 발휘하여 취업을 거절하였다(안태정, 『한국사』 49, 국사편찬위원회 편, 노동운동, 2001, 258쪽).

42 《동아일보》, 1924. 8. 3. 이 사설은 小田內通敏, 앞 책, 11~15쪽에 요약 번역되어 실려 있다.

43 이광수의 민족개조론에 관해서는 서중석, 『한국근현대의 민족문제연구』 Ⅱ. 韓末 日帝侵略下의 資本主義 近代化論의 性格, 1989, 144~166쪽 ; 안태정, 「1920년대 일제의 조선지배논리와 이광수의 민족개량주의 논리」, 《史叢》 35, 1989, 93~100쪽 참조.

44 春坡, 「東西無比 朝鮮人情 美談集─化被北胡의 朴寡婦」, 《別乾坤》 12 · 13, 1928.

45 《동아일보》, 1929. 6. 10.

46 조선총독부 경무국, 『고등경찰관계연표』, 1930, 219쪽.

47 《동아일보》, 1928. 9. 26 ; 9. 27 ; 9. 29.

48 《매일신보》, 1930. 3. 14.

49 《조선중앙일보》, 1934. 10. 15.

50 《매일일보》, 1928. 5. 27.

51 《매일일보》, 1928. 6. 12 ; 1931. 8. 8.

52 星出正夫, 「조선노동문제와 內鮮支那勞動者와의 관계」, 《조선급만주》 220, 1926. 3, 20~21쪽. 이와 관련하여 이은자 · 오미일, 앞 논문, 345쪽 참조.

53 《매일신보》, 1930. 8. 18.

54 《매일일보》, 1930. 11. 14 ; 1930. 12. 8.

55 《중외일보》, 1929. 10. 9.

56 《조선일보》, 1924. 5. 6.

57 《조선일보》, 1930. 3. 25.

58 《중외일보》, 1930. 2. 5.

59 《동아일보》, 1921. 6. 3.

60 《동아일보》, 1925. 4. 10.

61 《동아일보》, 1925. 1. 18.

62 《동아일보》, 1926. 10. 29.

63 《동아일보》는 1926년 2월 4일자 기사에서 중국인 노동자의 격증으로 임금이 유출되고 있는데 이를 방치하면 매년 1천 수백만 원이라는 임금이 국외로 유출될 것이라고 대서특필하였다.

64 《동아일보》, 1929. 1. 9.

65 이에 관해서는 이은자 · 오미일, 「1920-1930년대 국경도시 신의주의 화공(華工)과 사회적 공간」, 《사총》 79, 2013, 325~334쪽 참조.

66 장성식, 『신의주대관』, 문화당, 1931, 156쪽.

67 조선총독부, 앞 책, 1924, 184~185쪽 ; 《조선일보》, 1927. 7. 26. 이와 관련하여 이은자 · 오미일, 앞 논문, 330~331쪽 참조.

68 《조선일보》, 1927. 7. 26 ; 《동아일보》, 1927. 7. 31.

69 동아일보 "자유종" 란에 관해서는 이기훈, 「1920년대 언론매체와 소통공간 : 《동아일보》의 〈자유종〉을 중심으로」, 《역사학보》 204, 2009 참조.

70 《동아일보》, 1926. 2. 15, "자유종".

71 졸고, 「일제하 언론의 在朝華僑 報道 談論과 黃色 저널리즘의 전개」, 《역사연

구》25, 역사학연구소, 2013, 62~70쪽.

72 《동아일보》, 1929. 5. 29, "자유종".
   일제강점기 조선의 아편 문제에 관해서는 박강, 「菊地酉治의 아편마약 문제에
   대한 인식과 구제활동」,《한국민족운동사연구》60, 2009 ; 송윤비, 「식민지시대
   모르핀 중독 문제와 조선총독부의 대책」, 서강대학교 석사학위논문, 2010 참조.

73 一記者, 「2일 동안에 서울 구경 골고로 하는 法, 시골親舊 案內할 路順」,《別乾
   坤》23, 1929.

74 「大京城의 特殊村」,《別乾坤》23, 1929.

75 「大想像 밧갓 世上 京城의 다섯 魔窟」,《別乾坤》23, 1929.

76 「淸料理집의 二大祕密」,《別乾坤》15, 1928.

77 《동아일보》, 1929. 7. 11.

78 박강, 「20세기 전반 동북아 한인과 아편」, 선인, 2008, 82~91쪽 ; 송윤비, 앞 논
   문, 7~12쪽.

79 송윤비, 위 논문, 12쪽.

80 「阿片小考」,《別乾坤》26, 1930 ; 菊地酉治, 「朝鮮における阿片物害毒問題」, 「阿
   片問題の 研究」, 國際聯盟協會, 1928, 77쪽. 이와 관련하여 박강, 위 책, 115쪽
   참조.

81 《조선일보》, 1924. 5. 31.

82 《조선일보》, 1927. 7. 29.

83 曉山(李光烈), 「東西無比 朝鮮人情 美談集─丙子胡亂 때 니러난 鄕村의 조그만
   事實, 孝烈美談 牙山街上의 一死體」,《別乾坤》12·13, 1928년 5월호.

84 《동아일보》, 1931. 2. 13.

85 《동아일보》, 1929. 7. 11.

86 《동아일보》, 1927. 12. 3.

87 미쓰야협정에 관해서는 申奎燮, 「1920년대 후반 일제의 재만 조선인 정책 : 鮮
   滿一體化'의 좌절과 '三矢협정'」,《한국근현대사연구》29, 2004 참조.

88 이리 사건의 배경, 경과, 수습 과정 등에 관해서는 김희용, 「일제강점기 한국인
   의 화교배척」, 한국교원대학교 석사학위논문, 2009, 20~23쪽 ; 졸고, 「1920·30
   년대 한국인 대중의 화교 인식과 국내 민족주의 계열 지식인의 내면세계」,《역
   사교육》112, 2009, 107쪽 ; 최병도, 「만보산사건 직후 화교배척사건에 대한 일

제의 대응」, 《한국사연구》 156, 2012, 301~307쪽 참조.

89 《동아일보》, 1927. 12. 12.

90 《동아일보》, 1927. 12. 11.

91 《조선일보》, 1931. 7. 2, 호외.

92 1931년 화교 배척 폭동사건의 전개 과정에 관해서는 박영석, 『만보산사건연구 ―일제 대륙침략정책의 일환으로서의』, 「만보산사건과 조선에서의 중국인배척 사건 관계일지」, 아세아문화사, 1978 ; 김희용, 앞 논문, 25쪽 참조.

93 羅家倫 主編, 『혁명문헌』 133, 中央文物供應社, 1964, 672쪽. 이와 관련하여 김승욱, 「20세기 전반 한반도에서 일제의 노동시장 관리」, 《중국사연구》 85, 2013, 177쪽 참조.

94 김중규, 「화교의 생활사와 정체성의 변화과정―군산 여씨가를 중심으로」, 《지 방사와 지방문화》 10-2, 2007, 223~224쪽.

95 유중하, 『화교 문화를 읽는 눈 짜장면』, 한겨레출판, 2012, 74쪽.

96 朝鮮總督府, 『朝鮮貿易年表』, 해당 연도 ; 全羅北道, 『全羅北道要覽』, 1927 ; 全 羅北道, 『全羅北道要覽』, 1935.

97 김이삼의 오보 행위에 관해서는 박영석, 앞 책, 113~114쪽 참조.

98 국사편찬위원회, 『한민족독립운동사자료집』 56, 중국인습격사건 재판기록, 2003.

99 정병욱, 「식민지 조선의 반중국인 폭동과 도시 하층민」, 《역사와 담론》 73, 2015, 332~333쪽.

100 위 논문, 328쪽.

101 졸고, 「1920 · 30년대 한국인 대중의 화교 인식과 국내 민족주의 계열 지식인의 내면 세계」, 《역사교육》 112, 2009, 112~113쪽 ; 정병욱, 위 논문, 329~330쪽.

102 미야타 세쓰코, 『식민통치의 허상과 실상―조선총독부 고위관리의 육성 증언』, 정재정 역, 혜안, 2002, 34~35쪽. 이와 관련하여 최병도, 앞 논문, 311쪽 참조.

103 박정현, 「1931년 화교배척사건과 조선 민족주의 운동」, 《중국사연구》 90, 2014, 255~256쪽.

104 閔斗基, 「萬寶山事件(1931)과 韓國言論의 對應」, 《東洋史學研究》 65, 166~167쪽 재인용.

105 인천, 평양 등지의 경우, 일본 경찰이 화교배척폭동을 지휘하였다. 이에 관해

서는 민두기, 위 논문, 166~167쪽 ; 장세윤, 「만보산사건 전후 시기 인천 시민과 화교의 동향」, 《인천학연구》 2-1, 217쪽 참조. 또한 만보산사건 직전 시기인 1931년 6월 중국총영사관의 항의 공문에 따르면 일본 경찰이 화교 농공업자의 거주를 거절하고 생업에 종사하는 일을 허락하지 않는 조치를 취했던 것으로 보인다(「支那人勞動者居留에 關한 件」. 1931. 6. 29, 국가기록원 소장문서).

106 이성규, 「항일노동운동의 선구자 서정희(하)」, 지식산업사, 2006, 196쪽.

107 《조선일보》, 1927. 12. 12.

108 《조선일보》, 1931. 9. 4 ; 1932. 7. 4 ; 1935. 9. 25.

109 이에 관해서는 민두기, 앞 논문 ; 이성규, 앞 책, 186~205쪽 참조.

110 《조선일보》, 1931. 7. 5.

111 민두기, 위 논문, 165~166쪽.

112 《동아일보》, 1927. 7. 26, "中國人勞動者 問題" ; 1929. 1. 10, "中國勞動者入國問題" ; 1929. 4. 27, "勞動界의 一問題 다시 中國勞動者 入國問題에 對하여".

113 조만식은 만보산사건이 터졌을 때 일제가 한국인과 중국인 사이를 이간질하려는 음모로 보고 평양 내 한국인의 화교 공격을 말리는 한편 동아일보 사장인 송진우와 이 문제를 논의하고 대책을 강구하였다. 韓根祖, 「위대한 한국인 고당 조만식」, 太極出版社, 1979, 290~291쪽 ; 장규식, 「민중과 함께 한 조선의 간디―조만식의 민족운동」, 역사공간, 2007, 180~181쪽 참조.

114 《동아일보》, 1931. 7. 5.

115 《동아일보》, 1931. 7. 7.

116 「윤치호일기」, 1924. 6. 27.

117 「윤치호일기」, 1929. 5. 14.

118 李瑄根, 「우리 생활의 歷史的 考察」, 《三千里》 8, 1930.

119 윤치호는 1931년 10월 만주조난동포문제협의회에 위원장으로 선출되었다. 그런데 이 협의회의 초기 모임에 참석하였던 사회주의 계열이 도중에 동참을 거부하여 안재홍, 서정희, 이인, 윤치호, 송진우, 이광수 등 민족주의 계열의 인사들로 구성되었다. 이에 관해서는 이성규, 앞 책, 219~227쪽 참조.

120 「윤치호일기」, 1931. 7. 5. 「윤치호일기」는 김상태 편, 「윤치호일기, 1916~1943」, 역사비평사, 2001과 國史編纂委員會에 펴낸 영문일기인 「尹致昊日記」, 1973-1988, 송병기 역의 「(국역) 윤치호일기」, 연세대학교 출판부, 2001-2003에 근거

하였다.

121 『윤치호일기』, 1931. 7. 3.

122 이와 관련하여 金相泰, 「일제하 尹致昊의 내면세계 연구」, 《歷史學報》165, 2000, 124~125쪽 참조.

123 『윤치호일기』, 1931. 9. 19.

124 김상태, 앞 논문, 124~125쪽. 이와 관련하여 李光洙도 만주사변 직후인 1931년 12월에 「힘의 재인식」이라는 제하의 글을 통해 일제의 만주침략을 힘의 논리에 입각하여 정당화하였다(春園, 「힘의 재인식」, 《東光》28, 1931).

125 『윤치호일기』, 1932. 2. 22.

126 《동아일보》, 1932. 12. 13.

127 三千里, 「滿洲가서 돈 벌나면? 諸 權威 모혀 圓卓會 열다」, 《三千里》8-8, 1936.

128 윤치호의 이러한 인식은 이후 조선 경제의 독자성을 강조하며 조선 중심의 '協和的 鮮滿一如', '民族協同論'으로 발전하였다. 이에 관해서는 신주백, 「만주인식과 파시즘 국가론—1937년 이후 조선사회의 만주인식을 중심으로」, 『일제하 지식인의 파시즘체제인식과 대응』, 방기중 편, 혜안, 2005 참조.

129 김동인의 경우, 사회 활동이나 정치 활동의 차원에서 볼 때 지식인으로 범주화하는 데는 다소 주저되는 바가 있다. 그러나 문학 행위가 이 시기 지식인으로서의 글쓰기였으며 이를 통해 대중에 대한 영향력을 강화해갔다는 측면에서 그를 문학 지식인 또는 지식인 작가로 범주화할 수 있다. 이광수의 경우, 「민족개조론」에서 지식계급을 "민족적 생활의 모든 기관을 운전하는" 계급이라고 정의한 뒤 지식 계급 범주에 文士, 즉 문학 작가도 포함시켰다.

130 琴童, 「柳絮狂風에 춤추는 大同江의 惡夢—三年前朝中人事變의 回顧」, 《開闢》신간 2, 1934.

131 정혜영, 「1930년대 소설에 나타난 만주—「붉은산」과 만보산사건의 수용」, 《어문논총》34, 2000(『식민지기 문학과 근대성』, 소명출판, 2008 所收).

132 토지상조권은 기한부 소유권을 가리키는 말이다. 이에 관해서는 金穎, 「近代滿洲 벼농사 발달과 移住 朝鮮人」, 國學資料院, 2004, 116~157쪽 참조.

133 정혜영, 앞 논문.

134 김동인, 『김동인단편 전집1』, 가람기획, 2006, 172쪽.

135 申建 飜譯, 『朝鮮小說代表集』, 교재사, 1940. 정혜영, 앞 논문, 12쪽 재인용.

136 《동아일보》, 1934. 6. 15 ; 1934. 11. 17.

137 《동아일보》, 1936. 7. 7.

138 이에 관해서는 윤상원, 「만보산사건과 조선인 사회주의자들의 중국 인식」, 《한국사연구》 156, 2012 참조.

139 윤상원, 위 논문, 275쪽.

140 조선총독부 경무국, 『사상에 관한 정보(3)』, 「京鐘警高祕 제6068호의 1, 만보산사건에 관한 격문산포자관계자검거에 관한 건」, 1932. 6. 2.

141 신언준, 「재만 동포 문제에 대하여 협의회조직을 제창함」, 《동광》 26, 1931년 10월호. 이와 관련하여 윤상원, 앞 논문, 285쪽 참조.

4장

1 이정희 · 송승석, 『근대 인천화교의 사회와 경제 : 인천화교협회소장자료를 중심으로』, 학고방, 2015, 55쪽.

2 조선총독부, 『소화10년조선국세조사보고』, 조선편 全鮮, 1936, 57쪽.

3 김승욱, 앞 논문, 2013, 178쪽 ; 이정희 · 송승석, 앞 책, 58쪽.

4 《조선일보》, 1935. 1. 20.

5 《매일신보》, 1935. 9. 21.

6 《조선일보》, 1933. 1. 21.

7 《동아일보》, 1937. 12. 7.

8 『昭和9年度帝國議會說明資料』(영인본), 不二出版, 1994, 74~75쪽.

9 1930년과 1936년 신의주부 거주 중국인의 공업과 토건업 종사자의 비율을 비교하면 각각 49.1퍼센트, 51.7퍼센트이다. 따라서 이 수치에 포함되어 있는 고력의 비율도 증가하였을 것이다. 이에 관해서는 이은자 · 오미일, 앞 논문, 329~330쪽 참조.

10 黃承鳳, 『躍之新義州』, 三盛商會, 1939, 10~16쪽.

11 인천부, 『仁川府府勢一般』, 1936.

12 인천부, 『仁川府史』, 1027쪽, 1933.

13 졸고, 「일제하 군산부 화교의 존재형태와 활동상황」, 《지방사와 지방문화》 13-2, 2010, 428~429쪽.

14 《동아일보》, 1934. 11. 22.

15 이정희, 「중일전쟁과 조선화교―조선의 화교소학교를 중심으로」, 《중국근현대사연구》 35, 2007, 113쪽.

16 《동아일보》, 1935. 6. 29.

17 1938년 현재 경성중화상회, 인천화상상회, 인천산동동향회, 인천중화농회, 인천중화여관조합, 영등포화교친목회, 청주 금성철공소, 강경상무회, 군산중화상회, 인천중화상회, 목포중화상회, 평양화교공회, 대구중화상회, 부산중화상회, 해주중화상회, 사리원중화상회, 겸이포화교공회, 신천화교공회, 신막화교상회, 재령중화민단, 장연화교공회, 황해도 중화신민회연합회, 중화신민회, 평양중화상회, 선천교포공의회, 용암포중화상회, 용암포수산회, 원산중화상회, 나남화교민회, 웅기중화상회, 청진중화상회, 성진중화상회, 회령화교위원회 등등 지역 간, 동업별 연망을 구성하는 사회단체가 그것이다.

18 《조선일보》, 1937. 3. 24.

19 《조선중앙일보》, 1933. 11. 21.

20 《조선중앙일보》, 1935. 5. 24.

21 《조선일보》, 1936. 8. 6, "膨脹京城街頭變遷記".

22 극단적인 경우로 만보산사건이 진정되고 한중 간의 화해 노력이 진행되는 가운데 1934년 4월 화교 남성이 한국인 처가 쪽에서 자기 부인과 이혼시키자 강계의 처갓집을 찾아가 처가족 4명을 살해가거나 중상을 가하는 사건이 일어났다. 《동아일보》, 1932. 4. 9.

23 이효석, 「메밀꽃 필 무렵 : 이효석단편선」, 문학과지성사, 2007.

24 조선총독부 경무국, 『治安狀況』 44~47報, 「재류중국인의 동정」, 1938. 6. 10.

25 강진아, 「동순태호 : 동아시아 화교 자본과 근대 조선」, 경북대학교출판부, 2011, 103쪽.

26 《동아일보》, 1937. 9. 9 ; 《매일신보》, 1937. 9. 10 ; 9. 16.

27 《동아일보》, 1937. 8. 23.

28 경성지법 검사국, 『사상에 관한 정보(8)』, 「화교단체의 정보에 관한 건」, 1937. 1. 19 ; 조선총독부 경무국, 『治安狀況』 44~47報, 「선내 중국인의 신정권 참가상황」, 1938. 1. 8.

29 《동아일보》, 1938. 1. 4 ; 1. 9.

30 《매일신보》, 1938. 1. 7 ; 1. 10.

31 조선총독부 경무국, 『治安狀況』 44~47報, 「신정권 귀속 후에 중국인의 활동」, 1938. 2. 23, 「지나인의 동정」, 1938. 6. 10 ; 《동아일보》, 1938. 1. 24 ; 2. 1.

32 《동아일보》, 1938. 2. 5.

33 《매일신보》, 1938. 1. 22.

34 《매일신보》, 1938. 4. 1.

35 朝鮮總督府 警務局, 『朝鮮出版警察月報』 117, '執務參考資料: 朝鮮에서의 護旗奮鬪經過', 1938. 4. 30.

36 京城地法 檢事局, 『思想에 관한 情報(11)』, '華僑團體의 情報에 관한 건', 1938. 11. 21.

37 《매일신보》, 1939. 3. 28.

38 조선총독부 경무국, 『治安狀況』 26~43報, '지나인의 동정', 1937. 12. 10.

39 《동아일보》, 1937. 9. 17.

40 《동아일보》, 1937. 9. 1 ; 9. 30.

41 이 시기 화교 인구의 증감에 관해서는 李正熙, 「近代朝鮮華僑의 社會組織에 關한 硏究」, 《京都創成大學紀要》 8-2, 2008 참조.

42 《동아일보》, 1937. 9. 7.

43 이정희 · 송승석, 앞 책, 218쪽.

44 《조선일보》 1937. 12. 17.

45 《동아일보》, 1937. 12. 31. 이와 관련하여 이정희, 「중일전쟁과 조선화교―조선의 화교소학교를 중심으로」, 《중국근현대사연구》 35, 2007, 110쪽 참조.

46 安井三吉, 『제국일본과 화교』, 靑木書店, 2005, 251쪽.

47 《동아일보》, 1938. 2. 1.

48 京城地方法院, 『思想에 關한 情報』 8, 1938. 1. 31, '京外祕 제261호 京城 中國總領事館의 動靜에 관한 건' ; 이정희 · 송승석, 앞 책, 228~229쪽.

49 《동아일보》, 1938. 8. 14.

50 이에 관해서는 이정희 · 송승석, 위 책, 214~216쪽 참조.

51 《매일신보》, 1938. 2. 3 ; 《매일신보》, 1938. 7. 5 ; 《동아일보》, 1939. 5. 2 ; 《매일신보》, 1938. 2. 3 ; 《매일신보》, 1940. 5. 11 ; 《매일신보》, 1940. 11. 11 ; 《매일신보》, 1941. 3. 9.

52 《동아일보》, 1938. 6. 24.

53 이정희·송승석, 앞 책, 216쪽.

54 졸고, 「일제하 조선 개항장 도시에서 화교의 정주화 양상과 연망의 변동─인천, 신의주, 부산을 중심으로」, 《한국학연구》 26, 2012, 104~105쪽.

55 《동아일보》, 1938. 7. 8.

56 《매일신보》, 1939. 1. 13.

57 《매일신보》, 193. 1. 4 ; 경성지방법원 검사국, 「치안상황」 44~47報, '신정권귀속 후에 있어서 중국인의 동정', 1938. 2. 23.

58 《동아일보》, 1938. 12. 28.

59 京城地方法院 검사국, 「치안상황 소화13년」 제44보~제47보, 8, 「선내중국인의 신정권 참가 상황」, 1938. 1. 8.

60 《동아일보》, 1938. 12. 26.

61 《동아일보》, 1937. 12. 26. 楊韻平, 『汪政權과 朝鮮華僑(1940-1945)─東亞秩序의 一研究』, 稻鄕出版社, 96~98쪽.

62 《매일신보》, 1938. 1. 22. 이와 관련하여 이정희, 앞 논문, 2007, 110쪽 참조.

63 이시카와 요시히로, 『중국근현대사 3 혁명과 내셔널리즘 1925-1945』, 손승회 옮김, 삼천리, 2013, 225~226쪽.

64 松田利彦, 「근대조선에서 산동출신화교─식민지에서 조선총독부의 對화교정책과 조선인의 화교에의 반응을 중심으로」, 千田稔·宇野隆夫 공편, 『동아시아와 '반도공간'─산동반도와 요동반도』, 思文閣出版, 2003, 334쪽.

65 楊昭全·孫玉梅, 『朝鮮華僑史』, 中華華僑, 1991, 299~300쪽 ; 왕언메이, 『동아시아 현대사 속의 화교』, 송승석 역, 학고방, 2013, 119쪽.

66 왕언메이, 위 책, 301쪽.

67 위와 같음.

68 이정희, 앞 논문, 2007, 124~126쪽.

69 廣江澤次郎, 『在鮮華僑指導和親工作에 關한 報告書』(유인물, 국립중앙도서관 소장), 1945.

70 《매일신보》, 1944. 2. 4.

71 楊韻平, 앞 책, 177쪽.

72 廣江澤次郎, 앞의 유인물,

73 《매일신보》, 1944. 6. 7.

74 《매일신보》, 1945. 1. 10.

75 위와 같음.

76 미상, 『민족정기의 심판』, 혁신출판사, 1949.

77 김중규, 「화교학교의 역사를 통해서 본 화교문화의 형성과 문화」, 《지방사와 지방문화》 13, 2010, 370~371쪽.

78 일제는 자주파 화교들의 학교 설립 요구를 거절하였지만 친일파 화교가 군산 중화상회의 회장으로 당선되자 자주파 화교들이 요구하였던 '중국어문강습소'보다 한 단계 위인 '군산 화교소학교' 이름으로 바로 인가해주었다. 이에 관해서는 김중규, 위 논문, 2010, 372쪽 참조.

79 우강의는 通譯師로 활동하였으며 1938년 2월 당시 26세의 나이로 群山中華商會 書記를 역임하였다. 이에 관해서는 朝鮮總督府, 『思想에 관한 정보(8)』, 「京城中國總領事館의 動靜 其他에 관한 것」, 1938. 2 참조.

80 김중규, 앞 논문, 2009, 226쪽.

81 최규성, 「[추억의 LP여행] 김정구(상)」, 《주간한국》 2004. 5. 6 ; 박찬호, 『한국가요사』, 안동림 옮김, 현암사, 1992, 362~364쪽.

뒷이야기

1 《경향신문》, 1946. 11. 20.

2 왕언메이, 『동아시아 현대사 속의 화교』, 송승석 역, 학고방, 2013, 159쪽.

3 위 책, 150~160쪽.

4 《경향신문》, 1946. 11. 7.

5 《동아일보》, 1947. 5. 6.

6 왕언메이, 앞 책, 153쪽.

7 위 책, 153~155쪽.

8 《동아일보》, 1945. 12. 5 ; 《동아일보》, 1946. 12. 1.

9 《경향신문》, 1946. 10. 11.

10 왕언메이, 앞 책, 161~165쪽.

11 조선은행 조사부, 「재한화교의 경제적 세력」, 『한국경제연감』 II, 1949, 64~65쪽.

12 위 책, 65쪽.

이주노동자, 그들은 우리에게 어떻게 다가왔나

13 《경향신문》, 1949. 12. 14.

14 조선은행 조사부, 위 책, Ⅱ-56쪽.

15 위와 같음.

16 《조선일보》, 1949. 12. 10.

17 《경향신문》, 1948. 7. 15.

18 《경향신문》, 1949. 12. 14.

19 《경향신문》, 1949. 12. 15.

20 왕언메이, 앞 책, 254~282쪽.

21 위 책, 221~213쪽.

22 오정희, 「중국인 거리」, 『중국인 거리 저녁의 게임 병어회 겨울의 환(20세기 한국소설 33)』, 최원식 외 엮음, 창비, 2005, 51쪽.

참고문헌

단행본

朴殷植, 『韓國痛史』, 大同書局, 1915.

小山淸次, 『支那勞動者硏究』, 東亞實進社, 1919.

小田內通敏, 『朝鮮에서 支那人의 經濟的 勢力』, 東洋硏究會, 1925.

王正廷, 『朝鮮華僑槪況』, 參考書籍, 1930,

이여성·김세용 엮음, 『數字朝鮮硏究』, 서광사, 1931~1935.

武居鄕一, 『만주의 노동과 노동정책』, 巖松堂書店, 1941.

高承濟, 『韓國移民史硏究』, 章文閣, 1973.

閔斗基, 『中國近代史硏究』, 一潮閣, 1973.

須山 卓·日比野丈夫·藏居良造, 『華僑』, 日本放送出版協會, 1974.

朴永錫, 『萬寶山事件 硏究』, 一潮閣, 1978.

韓根祖, 『위대한 한국인 고당 조만식』, 太極出版社, 1979.

秦裕光, 『旅韓六十年見聞錄-韓國華僑史話』, 中華民國韓國硏究學會, 1983.

李培鎔, 『舊韓末 鑛山利權과 列强』, 韓國硏究院, 1984.

박은경, 『한국 화교의 種族性』, 한국연구원, 1986.

서중석, 『한국근현대의 민족문제연구』, 지식산업사, 1989.

楊昭全·孫玉梅, 『朝鮮華僑史』, 中國華僑出版公司, 1991.

山脇啓造, 『근대일본의 외국인노동자문제』, 明治學院國際平和硏究所, 1993.

설동훈, 『외국인노동자와 한국사회』, 서울대학교출판부, 1999.

白永瑞, 『동아시아의 귀환 : 중국의 근대성을 묻는다』, 창작과 비평사, 2000.

설동훈, 『노동력의 국제이동』, 서울대학교출판부, 2000.

閔斗基, 『시간과의 경쟁』, 연세대학교 출판부, 2002.

千田稔·宇野隆夫 공편, 『동아시아와 '반도공간'―산동반도와 요동반도』, 思文閣出版, 2003.

이주노동자, 그들은 우리에게 어떻게 다가왔나

金穎, 『近代 滿洲 벼농사 발달과 移住 朝鮮人』, 國學資料院, 2004.

송규진·변은진·김윤희·김승은, 『통계로 본 한국근현대사』, 아연출판부, 2004.

양필승·이정희, 『차이나타운 없는 나라: 한국 화교 경제의 어제와 오늘』, 삼성경제연구소, 2004.

安井三吉, 『제국일본과 화교』, 靑木書店, 2005.

馬仲可, 『山東華僑研究: 僑居韓半島一世紀의 中國人』, 新星出版社, 2005.

방기중 편, 『일제하 지식인의 파시즘체제인식과 대응』, 혜안, 2005.

이병인, 『근대 상해의 민간단체와 국가』, 창비, 2006.

이상의, 『일제하 조선의 노동정책 연구』, 혜안, 2006.

이성규, 『항일노농운동의 선구자 서정희(하)』, 지식산업사, 2006.

채백, 『독립신문 연구』, 한나래, 2006.

朴贊勝, 『민족주의의 시대―일제하의 한국 민족주의』, 景仁文化社, 2007.

장규식, 『민중과 함께 한 조선의 간디―조만식의 민족운동』, 역사공간, 2007.

楊韻平, 『汪政權과 朝鮮華僑(1940-1945)―東亞秩序의 一研究』, 稻鄕出版社, 2007.

최승현, 『화교의 역사 생존의 역사』, 화약고, 2007.

국사편찬위원회, 『한국화교의 생활과 정체성』, 2007.

박경태, 『소수자와 한국 사회: 이주노동자·화교·혼혈인』, 후마니타스, 2008.

박강, 『20세기 전반 동북아 한인과 아편』, 선인, 2008.

李玉蓮, 『인천 화교 사회의 형성과 전개』, 인천문화재단, 2008.

김중규, 『군산역사 이야기』, 도서출판 안과 밖, 2009.

양세욱, 『짜장면傳: 시대를 풍미한 검은 중독의 문화사』, 웅진씽크빅, 2009.

김재용 편, 『만보산사건과 한국근대문학』, 역락, 2010.

중국해양대학교 해외한국학 중핵대학 사업단 편, 『근대 동아시아인의 이산과 정착』, 경진, 2010.

강진아, 『동순태호: 동아시아 화교 자본과 근대 조선』, 경북대학교출판부, 2011.

李正熙, 『朝鮮華僑와 근대 동아시아』, 京都大學學術出版會, 2012.

인천대학교 HK 중국관행연구사업단 편, 『조선화교 관련 신문보도 자료목록―국내 신문을 통해 본 조선화교의 삶(1882~1945)』, 모두의지혜, 2012.

인하대학교 한국학연구소, 『동아시아 개항도시의 형성과 네트워크』, 글로벌콘텐츠, 2012.

참고문헌

진유광, 『중국인 디아스포라 : 한국화교 이야기』, 이용재 역, 한국학술정보, 2012.

박정현 외, 『중국 근대 공문서에 나타난 韓中關係』, 한국학술정보, 2013.

왕언메이, 『동아시아 현대사 속의 화교』, 송승석 역, 학고방, 2013.

이시카와 요시히로, 『중국근현대사 3 혁명과 내셔널리즘 1925-1945』, 손승회 옮김, 삼천리, 2013.

정병욱, 『식민지 불온열전』, 역사비평사, 2013.

조세현, 『부산화교의 역사』, 산지니, 2013.

강미옥, 『보수는 왜 다문화를 선택했는가 : 다문화정책을 통해서 본 보수의 대한민국 기획』, 상상너머, 2014.

이계형·전병무, 편저 편집, 『숫자로 본 식민지 조선』, 역사공간, 2014.

이즈마다 히데오, 『해역아시아의 차이나타운 華人街 : 이민과 식민에 의한 도시형 성』, 김나영·안미정·최낙민·이명권·김봉경 옮김, 선인, 2014.

필립 A. 큔, 『타인들 사이의 중국인 : 근대 중국인의 동남아 이민』, 이영옥 옮김, 심산 출판사, 2014.

이정희·송승석, 『근대 인천화교의 사회와 경제: 인천화교협회소장자료를 중심으 로』, 학고방, 2015.

논문

高承濟, 「華僑對韓移民의 社會史的 研究」, 《白山學報》 13, 1972.

譚永盛, 「조선말기의 청국상인에 관한 연구―1882년부터 1885년까지」, 단국대학교 석사학위논문, 1978.

金正起, 「大院君 拉致와 反淸 意識의 形成」, 《韓國史論》 19, 1988.

안태정, 「1920년대 일제의 조선지배논리와 이광수의 민족개량주의 논리」, 《史叢》 35, 1989.

金鍾翰, 「1928년 朝鮮에서의 民族別 賃金差別―土木建築關係 勞動者의 賃金格差 分解를 中心으로」, 《經濟史學》 24, 1998.

정혜영, 「1930년대 소설에 나타난 만주―「붉은산」과 만보산사건의 수용」, 《어문논 총》 34, 2000.

전우용, 「한국인의 華僑觀」, 《실천문학》, 2001 가을호.

김영신, 「開港期(1883~1910 仁川港의 對外交易과 華僑의 役割」, 《仁川學研究》 2-1,

2003.

전우용, 「한국 근대의 화교 문제」, 《한국사학보》 15, 2003.

차태근, 「'중국'의 시각: 조선, 대한제국, 그리고 '일본의 조선'—1870년부터 1919년까지 신문, 잡지 등 언론매체를 중심으로」, 《중국학논총》 16, 2003.

장세윤, 「만보산사건 전후 시기 인천 시민과 화교의 동향」, 《인천학연구》 2-1, 2003.

강진아, 「근대 동아시아의 초국적 자본의 성장과 한계 : 재한화교기업 同順泰 (1874?~1937)의 사례」, 《慶北史學》 27, 2004.

문은정, 「20세기 전반기 마산지역 화교의 이주와 정착」, 《대구사학》 68, 2004.

李庚燉, 「『별건곤』과 근대 취미독물」, 《대동문화연구》 46, 2004.

김영신, 「日帝時期 在韓華僑(1910~1931) : 인천지역 화교를 중심으로」, 《인천학연구》 4, 2005.

장신, 「1930년대 언론의 상업화 조선 · 동아일보의 선택」, 《역사비평》 70, 2005.

김중규, 「화교의 생활사와 정체성의 변화과정—군산 여씨가를 중심으로」, 《지방사와 지방문화》 10-2, 2007.

이정희, 「중일전쟁과 조선화교—조선의 화교소학교를 중심으로」, 《중국근현대사연구》 35, 2007.

정혜중, 「개항기 인천 화상 네트워크와 화교 정착의 특징」, 《중국근현대사연구》 36, 2007.

石川亮太, 「開港期 漢城에서 朝鮮人 · 中國人間의 商去來와 分爭—「駐韓使館檔案」 을 통해」, 《年報 朝鮮學》 10, 2007.

李正熙, 「近代朝鮮華僑의 社會組織에 關한 硏究」, 《京都創成大學紀要》 8-2, 2008.

강진아, 「근대전환기 한국화상의 대중국 무역의 운영방식: 『同順泰寶號記』의 분석을 중심으로」, 《東洋史學研究》 105, 2008.

김성욱, 「한국근대소설에 나타난 '타지 이미지' 연구—중국인 '형상'을 중심으로」, 한 양대학교 박사학위논문, 2008.

김희용, 「日帝强占期 韓國人의 華僑排斥」, 한국교원대학교 석사학위논문, 2009.

김태웅, 「1920 · 30년대 한국인 대중의 화교 인식과 국내 민족주의 계열 지식인의 내면 세계」, 《역사교육》 112, 2009.

유석환, 「1930년대 잡지시장의 변동과 잡지 『비판』의 대응—경쟁하는 잡지들, 확산되는 문학」, 《사이간SAI》 6, 2009.

박숙자, 「1930년대 대중적 민족주의의 논리와 속물적 내러티브—『삼천리』를 중심으로」, 《어문연구》 37-4, 2009.

노태정, 「1920년대 재조선 중국인 노동자의 실상」, 성균관대학교 석사학위논문, 2009.

孫承會, 「1931년 식민지조선의 배화폭동과 화교」, 《중국근현대사》 41, 2009.

김재호, 「식민지기의 재정지출과 사회간접자본의 형성」, 《경제사학》 46, 2009.

이기훈, 「1920년대 언론매체와 소통공간 : 《동아일보》의 〈자유종〉을 중심으로」, 《역사학보》 204, 2009.

김승욱, 「20세기 초(1910~1931) 인천화교의 이주 네트워크와 사회적 공간」, 《중국근현대사연구》 47, 2010.

김중규, 「화교학교의 역사를 통해서 본 화교문화의 형성과 문화」, 《지방사와 지방문화》 13-1, 2010.

김태웅, 「일제하 군산부 화교의 존재형태와 활동상황」, 《지방사와 지방문화》 13-2, 2010.

박정현, 「1882~1884년 조선인과 중국인의 갈등 해결방식을 통해 본 한중관계」, 《중국근현대사연구》 45, 2010.

송윤비, 「식민지시대 모르핀 중독 문제와 조선총독부의 대책」, 서강대학교 석사학위논문, 2010.

김태웅, 「일제하 조선 개항장 도시에서 화교의 정주화 양상과 연망의 변동—인천, 신의주, 부산을 중심으로」, 《한국학연구》 26, 2012.

윤상원, 「만보산사건과 조선인 사회주의자들의 중국 인식」, 《한국사연구》 156, 2012.

김승욱, 「20세기초(世紀初) 한반도(韓半島)의 산동화교(山東華僑)—반도공간(半島空間)의 도시 네트워크와 이민」, 《중국사연구》 82, 2013.

김승욱, 「20세기 전반 韓半島(한반도)에서 日帝(일제)의 勞動市場(노동시장)관리—중국인 노동자를 중심으로」, 《중국사연구》 85, 2013.

김승욱, 「20세기 전반 한반도에서 日帝의 渡航 관리정책」, 《중국근현대사연구》 58, 2013.

김태웅, 「일제하 언론의 在朝華僑 報道 談論과 黃色 저널리즘의 전개」, 《역사연구》 25, 역사학연구소, 2013.

박정현, 「청일전쟁 이후 한중 간 분쟁의 유형과 한국인의 중국인에 대한 인식」, 《중국근현대사연구》 59, 2013.

도리우미 유타카, 「일제하 일본인 청부업자의 활동과 이윤창출」, 서울대학교 박사학
　　위논문, 2013.

전희진, 「상상된 중국인 그리고 식민지 조선 지식인의 딜레마」, 《사회와 역사》 97,
　　2013.

오미일, 「일제시기 경성의 중국인거리와 '魔窟' 이미지의 정치성」, 《동방학지》 163,
　　2013.

이은자·오미일, 「1920-1930년대 국경도시 신의주의 화공(華工)과 사회적 공간」, 《사
　　총》 79, 2013.

김승, 「일제강점기 부산화교의 존재형태와 사회정치적 동향」, 《지역과 역사》 34,
　　2014.

박정현, 「1927년 재만동포옹호동맹의 결성과 화교배척사건」, 《중국학보》 69, 2014.

김은영, 「1920년대 전반기 조선인 노동자의 구직 渡日과 부산시민대회」, 《역사교육》
　　136, 2015.

정병욱, 「식민지 조선의 반중국인 폭동과 도시 하층민」, 《역사와 담론》 73, 2015.

배성수, 「1940년대 초 인천지역 화교사회의 동향―인천광역시립박물관 소장 1942년
　　화교자료의 분석을 중심으로」, 《인천학연구》 24, 2016.

이은상, 「20세기 전반(1912~1936) 식민지 조선의 신의주 화교」, 《中國近現代史硏究》
　　70, 2016.

찾아보기

이주노동자, 그들은 우리에게 어떻게 다가왔나

김태웅은 서울대학교 사범대학 역사교육과를 졸업한 뒤 같은 대학교 대학원 국사학과에서 문학석·박사학위를 받았다. 정부기록보존소 학예연구관과 군산대학교 조교수를 거쳐 현재 서울대학교 사범대학 역사교육과 교수로 있다. 주요 저서로는 『뿌리깊은 한국사 샘이 깊은 이야기-근대편』(2003), 『한국근대 지방재정 연구』(2012), 『역해 한국통사』(2012), 『국사교육의 편제와 한국근대사 탐구』(2014) 등이 있고, 공저로는 『우리 역사, 어떻게 읽고 생각할까』(2014), 『요하문명과 고조선』(2015) 등이 있다.

대우휴먼사이언스 011

이주노동자, 그들은 우리에게 어떻게 다가왔나
일제 강점기 중국인 노동자와 한국인

1판 1쇄 찍음 | 2016년 8월 20일
1판 1쇄 펴냄 | 2016년 8월 25일

지은이 | 김태웅
펴낸이 | 김정호
펴낸곳 | 아카넷

출판등록 | 2000년 1월 24일(제406-2000-000012호)
주소 | 10881 경기도 파주시 회동길 445-3 2층
전화 | 031-955-9511(편집)·031-955-9514(주문) 팩시밀리 | 031-955-9519
www.acanet.co.kr | www.phildam.net

© 김태웅, 2016

Printed in Seoul, Korea.

ISBN 978-89-5733-501-7 94910
ISBN 978-89-5733-452-2 (세트)

이 도서의 국립중앙도서관 출판예정도서목록(CIP)은 서지정보유통지원시스템 홈페이지(http://seoji.nl.go.kr)와 국가자료공동목록시스템(http://www.nl.go.kr/kolisnet)에서 이용하실 수 있습니다.(CIP제어번호:CIP2016017678)

이 제작물은 아모레퍼시픽의 아리따글꼴을 사용하여 디자인 되었습니다.